Francês
Língua Estrangeira
Novas demandas, novas respostas

FRANCÊS
LÍNGUA ESTRANGEIRA
Novas demandas, novas respostas

AUTORES

- Alexandra F. S. Geraldini
- Ana Clotilde Thomé-Williams
- Annie Coutelle
- Heloísa B. de A. Costa
- Jelssa Ciardi Avolio (organizadora)
- Mára Lucia Faury
- Maria Cristina Sicca
- Renata B. Amaro
- Serge Borg
- Vera Lucia Marinelli

www.dvseditora.com.br

São Paulo, 2007

FRANCÊS
LÍNGUA ESTRANGEIRA
Novas demandas, novas respostas

Copyright© DVS Editora 2007

Todos os direitos para a língua portuguesa reservados pela editora.

Nenhuma parte desta publicação poderá ser reproduzida, guardada pelo sistema *retrieval* ou transmitida de qualquer modo ou por qualquer outro meio, seja este eletrônico, mecânico, de fotocópia, de gravação, ou outros, sem prévia autorização, por escrito, da editora.

Capa: Jean Monteiro Barbosa, baseada em foto de Mylani Tokuda

Diagramação: Jean Monteiro Barbosa

ISBN: 978-85-88329-44-7

```
Dados   Internacionais   de   Catalogação na   Publicação   (CIP)
        (Câmara   Brasileira   do   Livro,   SP,   Brasil)

        Francês : língua estrangeira : novas demandas,
           novas respostas / [Jelssa Ciardi Avolio,
           organizadora]. -- São Paulo : DVS Editora, 2007.

           Vários autores.
           Bibliografia.

           1. Francês - Estudo e ensino 2. Francês -
        Estudo e ensino - Metodologia 3. Língua
        estrangeira 4. Lingüística aplicada I. Avolio,
        Jelssa Ciardi.


07-10410                                    CDD-440.7
```

Índices para catálogo sistemático:

1. Francês : Estudo e ensino   440.7

Índice

09 .... *Apresentação*

17 .... *De la linguistique appliquée aux théories de l'acquisition dans l'apprentissage des langues, ou l'odyssée de la progression centrée sur la matière à enseigner*
- Serge Borg

35 .... *O Contexto Lingüístico em Sala de Aula de Língua Estrangeira*
- Renata Braz Amaro

47 .... *L'élaboration de matériels didactiques aujourd'hui –*
DES MANUELS AUX ENSEMBLES PÉDAGOGIQUES, DES SUPPORTS PAPIER AUX SUPPORTS ÉLECTRONIQUES...
- Annie Coutelle

53 .... *Une expérience novatrice à la PUC/SP –*
APPROCHES MÉTHODOLOGIQUES VERS L'AUTONOMIE DE L'APPRENNANT
- Alexandra F. S. Geraldini, Ana Clotilde Thomé-Williams e Heloísa B. de A. Costa

59 .... *Laissez-moi surfer et j'apprendrai à lire en français*
- Jelssa Ciardi Avolio

71 .... *FID – Francês Instrumental a Distância –*
UMA EXPERIÊNCIA TENTADORA
- Mára Lucia Faury

95 .... *As Novas Tecnologias no Processo Ensino – Aprendizagem de Francês / Língua Estrangeira de Adolescentes –*
PRÁTICAS EM SALA DE AULA
- Maria Cristina de Lima Carvalho Sicca

113 .... *O Papel da Televisão no Ensino/Aprendizagem do FLE*
- Vera Lucia Marinelli

Apresentação

Uma das características que marcarão historicamente o início do novo milênio é a afirmação do advento da Internet como meio de comunicação e transmissão de informações de modo planetário. Assim como acarretaram o surgimento da escrita e do telefone, horizontes jamais vistos se deslumbram, em maior ou menor escala. Conseqüentemente, pesquisadores de todas as áreas encontram outras fontes de onde *sorver*, renovadas a cada dia, e dimensões para se investigar novos e antigos objetos de pesquisa antes inimagináveis. As perguntas e as hipóteses iniciais para respondê-las fundamentam-se – entre outros pilares – na remoção de algumas barreiras e na criação de novas áreas do conhecimento. Nunca se mencionou tanto a inter, a multi e a transdisciplinaridade.

No que se refere às línguas estrangeiras, longe de criar monopólios, a Internet abriu espaço para a pluralidade, para o multiculturalismo. Do ponto de vista geopolítico o Francês continua sendo a segunda língua no mundo. Mais de 250 milhões de pessoas

Apresentação

falam Francês hoje como língua materna ou segunda língua. Cinqüenta e um Estados dos quais 25 países o têm como língua oficial. Em 52 países o Francês é a língua da administração, do ensino, da mídia, do comércio, dos negócios ou do exército. A França tem o terceiro cinema do mundo e é um dos primeiros países do mundo em termos de livros publicados por habitante.

No Brasil não é diferente. Assim, o mercado continua exigindo e absorvendo praticamente de forma imediata bons profissionais formados em Francês como língua estrangeira (FLE). No meio universitário, não se trata de moldar perfis que dominem uma mera competência lingüística e/ou comunicativa, o que se pode aprender em boas escolas de línguas. Trata-se de formar especialistas de nível superior que tenham condições de enfrentar em todas as suas facetas as exigências dos profissionais do novo milênio. Institucionalmente, passamos por uma época de reconhecimento e concretização dessa realidade. Para citar apenas alguns exemplos do Estado de São Paulo, renomadas Universidades como a USP (*campi* Piracicaba e Ribeirão Preto) e a Federal de São Paulo – UNIFESP – *campus* Guarulhos criaram recentemente vagas e abriram concursos para professores de Francês e Inglês.

E os principais profissionais articuladores desse movimento em torno do FLE continuam a produzir conhecimento. Pois a formação de professores do ramo da linguagem, e, em particular, formação de docentes de línguas estrangeiras não pode se esquivar, devendo, pelo contrário, marcar sua presença na criatividade e inovação metodológica diante das novas gerações com paradigmas bastante distintos dos que pautaram nossa própria formação. Em sala de aula, alunos e professores deixam pouco a pouco algumas convenções e exercem papéis diferenciados.

Daí a importância de se registrar e divulgar pelo menos parte das pesquisas e reflexões elaboradas por tais profissionais, objetivo principal da presente obra. Esta coletânea consiste no registro de oito dos treze trabalhos apresentados no simpósio de mesmo nome por ocasião do X INPLA - Intercâmbio de Pesquisas em Lingüística Aplicada - do Programa de Estudos Pós-Graduados em Lingüística Aplicada da PUC-SP, realizado em 2001.

No que se refere aos agentes envolvidos com o ensino do Francês como língua estrangeira no Brasil, vinham apresentando seus trabalhos de forma isolada, dentro de sub-eventos relacionados a linhas específicas de pesquisa dentro da grande área da lingüística aplicada: ensino/aprendizagem, metodologia, avaliação, material didático, entre outras.

Acompanhando a produção científica no país nos últimos 20 anos, vínhamos constatando sua evolução, renovada e ampliada por professores e pesquisadores, alguns *en herbe*, através de projetos de iniciação científica, dentro de importantes instituições de referência como grandes universidades e centros promotores da língua francesa como a Aliança Francesa, apoiados, em geral, pelos serviços culturais de representação francesa no Brasil.

Já era tempo, pois, de reunir esses pesquisadores, abrindo-lhes não apenas um fórum em que se concentrassem as pessoas envolvidas com as questões de ensino/aprendizagem do FLE mas propiciando-lhes, dessa maneira, um *locus* privilegiado de discussão entre os verdadeiros responsáveis por esse novo panorama.

O Departamento de Francês da PUC-SP, pioneiro na área do ensino do Francês instrumental e um centro de referência nacional e internacional em torno dessa metodologia, caracteriza-se por um setor dinâmico por excelência, que tem se adaptado às evoluções do

Apresentação

mundo contemporâneo, desenvolvendo uma série de atividades que refletem essas tendências, traduzidas por propostas de cursos inovadores e diferenciados, fazendo interagir de forma natural os três pilares condutores da produção do conhecimento na Universidade, ensino, pesquisa e extensão. As recentes propostas de cursos seqüenciais, de pós-graduação *lato sensu*, de Francês Instrumental a distância, Itinerários de Leitura em Francês a Distância e Aprenda Francês para Estudar na França são apenas alguns exemplos dessa realidade incontestável: a capacidade desta célula acadêmica de analisar novas demandas e a elas responder de forma criativa e, porque não, audaciosa.

Foi o seu NELPEF - Núcleo de Estudos Lingüístico-pedagógicos para o Ensino do Francês – hoje GIEF Grupo de Pesquisas Interfaces do Ensino do Francês - que propôs a realização do simpósio cujo nome dá origem a esta publicação, e que teve uma receptividade muito positiva da comunidade acadêmica envolvida com o ensino do Francês no Brasil. Esta aceitação imediata deve-se, de fato, a pelo menos dois princípios básicos: o do valor da produção coletiva para se atingir objetivos comuns e a partilha da língua e cultura de língua francesa como foco de nossas atividades.

Todavia, conhecimento que não se divulga não é conhecimento. Daí o convite - também prontamente aceito - para que se publicassem os trabalhos oriundos desta jornada.

Ensino a distância, uso de recursos como vídeo, teatro e internet, estudos sobre progressão, leitura e escrita, elaboração de material didático, autonomia, representações que se fazem professores e alunos sobre o contexto lingüístico em sala de aula de Francês como língua estrangeira e as relações que se estabelecem entre eles são alguns dos temas tratados.

FRANCÊS
LÍNGUA ESTRANGEIRA
Novas demandas, novas respostas

A obra tem início com um artigo que aprofunda o viés teórico de fundamentação das pesquisas apresentadas. Serge Borg abre o volume com um criterioso estudo sobre o sempre presente tema da *progressão* de conteúdo no ensino de línguas. Caminhando em direção à sala de aula propriamente dita, passamos à colaboração de Renata Braz Amaro, que focaliza em sua pesquisa o contexto lingüístico nesse espaço pedagógico.

Passando a uma vertente mais metodológica, relacionada em particular com material didático e de apoio, Annie Coutelle traz à tona uma reflexão sobre a passagem de simples livros isolados a complexos conjuntos de materiais didáticos com suportes diversificados, os métodos, e, posteriormente, dos meios impressos aos eletrônicos. É neste contexto mais recente de ensino de línguas que se enquadra o artigo seguinte, das Professoras Alexandra Fogli Serpa Geraldini, Ana Clotilde Thomé-Williams e Heloísa Brito de Albuquerque e Costa, que investigam outro tema crucial no fascinante universo do ensino de línguas estrangeiras, o da autonomia do aluno. Mergulhando mais nas águas do ensino do francês pela Internet, o artigo de Jelssa Ciardi Avolio aborda o curso de Francês Instrumental a Distância, pioneiro no Brasil. É explorando com bastante profundidade o (s) papel (éis) do professor nesse mesmo curso que Mára Lucia Faury dedica-se ao tema no artigo seguinte, com uma narrativa cativante.

Mas as ditas *novas* tecnologias fazem-se presentes também em aulas de francês para adolescentes: é o que aborda o interessante artigo de Maria Cristina de Lima Carvalho Sicca, a partir de sua vasta experiência numa renomada escola particular de ensino fundamental e médio de São Paulo. Para encerrar o volume, Vera Lúcia

Apresentação

Marinelli nos fornece uma contribuição bibliográfica sobre o papel da televisão no ensino/aprendizagem do francês/língua estrangeira, área de concentração de suas pesquisas.

Cada artigo pode ser lido de forma isolada, mas a totalidade do volume leva a uma visão ordenada de questões fundamentais nas pesquisas sobre ensino de línguas estrangeiras, através de um panorama bastante abrangente do que se produz em torno do ensino do FLE no Brasil.

Boa leitura!

Profª Drª Jelssa Ciardi Avolio
Titular do Depto. de Francês da PUC-SP.

FRANCÊS
LÍNGUA ESTRANGEIRA
Novas demandas, novas respostas

De la linguistique appliquée aux théories de l'acquisition dans l'apprentissage des langues, ou l'odyssée de la progression centrée sur la matière à enseigner

Serge Borg
serge.borg@univ-fcomte.fr
Centre de Linguistique Appliquée de Besançon

Puisque c'est sous l'égide de la linguistique appliquée que se place ce symposium, qu'il me soit permis de prendre cette discipline comme point de repère dans l'histoire des méthodologies de l'enseignement des langues, afin d'analyser, en amont de cette dernière, par quel biais l'apprentissage du matériau était envisagé dans sa dimension linguistique et, en aval, quelles ont été les évolutions de cette discipline à la lumière d'une notion-clé du domaine: la notion de progression en didactique des langues.

De la linguistique appliquée aux théories de l'acquisition dans l'apprentissage des langues, ou l'odyssée de la progression centrée sur la matière à enseigner

On sait depuis l'article de Louis Porcher "Qui progresse vers quoi ?" (1974) que cette notion est plurielle et qu'elle s'articule sur plusieurs centrations: l'enseignant, l'apprenant, l'instrument éducatif, la méthode, l'objectif à évaluer, et la matière à enseigner. C'est à partir de cette dernière que nous allons retracer l'odyssée du traitement du matériau linguistique sur un axe diachronique qui traversera: la méthodologie traditionnelle, la méthodologie directe, la méthodologie active, la méthodologie audiovisuelle, le document authentique, le français fonctionnel jusqu'à l'approche communicative.

Y-AVAIT-IL UNE VIE AVANT LA LINGUISTIQUE APPLIQUÉE?

Assurément oui, si l'on se place du point de vue de l'approche empirique mais raisonnée du linguistique même si ces termes sont ici quelques peu anachroniques. Nul ne peut nier que la réflexion sur le "quoi" enseigner ne date pas d'hier. Le modèle éducatif des humanités classiques dont s'inspire quasi-exclusivement la méthodologie traditionnelle (désormais siglée MT), même s'il place l'étude du matériau linguistique en troisième position après les objectifs culturel et formatif, considère l'étude de la langue du strict point de vue de sa forme. Cette approche s'articule sur un système linguistique qui cherche à ramener le système langagier à ses éléments constitutifs les plus simples et à se fixer comme objectif, l'étude des mécanismes internes en accordant une place importante à l'étymologie. La langue est considérée comme un tout logique, cohérent, homogène. Les tenants de cette approche procèdent à un découpage d'ordre grammatical: ce sont les parties du discours, c'est-à-dire les catégories grammaticales traditionnelles: nom, adjectif, pronom, verbe, adverbe, préposition, conjonction... et à un découpage d'ordre lexical: essentiellement les suffixes, les préfixes, les racines de mots, etc.

Dans la MT, cette démarche a pour principal objectif, la formation de l'esprit. C'est celui qui occupe un rôle majeur et qui est composé de trois sous-objectifs formatifs: l'esthétique, l'intellectuel et le moral qui, nous dit C. Puren *"correspondent aux trois concepts de Beau, de Vrai et de Bien dont l' unité constitue l'un des postulats fondamentaux de la philosophie de l'humanisme classique"* (1988 p.33). Il s'agit donc de former les esprits et cette approche analytique du matériau ne vise que la *"gymnastique intellectuelle"* (grammaire-traduction) pour reprendre les termes de l'instruction de 1901. Dès lors, l'étude de la matière à enseigner reste limitée et incomplète.

FRANCÊS
LÍNGUA ESTRANGEIRA
Novas demandas, novas respostas

Limitée car la plupart des praticiens ignore les potentialités et la complexité de la parole et se cantonnent dans une approche analytique de la langue utilisée à des fins purement formatives ou comme prétexte pour introduire la culture étrangère. Incomplète, dans la mesure où la sélection et la gradation des contenus grammaticaux et lexicaux ne sont pas à l'ordre du jour ce qui entraine fatalement une inflation anarchique au niveau des matériaux qu'engendre la tendance à l'exhaustivité, comme l'affiche un bon nombre de manuels dont: *"les auteurs prennent souvent soin d'indiquer qu'ils ont essayé d'être le plus complet possible"* (Puren C.1988 p.64).

C'est la " méthode naturelle ", à savoir les procédés d'acquisition de la langue maternelle chez l'enfant qui va servir à justifier dans la Méthodologie Directe (désormais siglée MD), l'ensemble de ses grands principes, tels que: la méthode directe et intuitive, la méthode orale, la méthode active, la méthode imitative et la méthode répétitive. C'est en quelque sorte une tentative d'approche de la langue dans sa totalité, telle qu'elle est apprise naturellement dans la réalité et hors contexte scolaire. C'est ce qui s'affirme au niveau de la référence théorique et qui compromet toute sélection et gradation du matériau dans la mesure où cela apparait comme contraire à la nature même du langage qui, par essence, est pluriel et complexe.

Sélectionner le matériau linguistique aurait conforté l'idée répandue par les détracteurs de la MD à savoir que l'enseignement des langues vivantes ne se fixait qu'un objectif pratique et qu'il ne pouvait concourir à la formation de l'esprit comme l'enseignement du latin et du grec. Ceci allait complètement à l'encontre des intérêts des professeurs de langues vivantes qui, rappelons-le, en quête de crédibilité scientifique et institutionnelle, aspiraient à leur pleine reconnaissance au sein de l'Instruction Publique. Cette tendance intégrationniste a fortement contribué à ralentir, voire à mépriser, les recherches sur le matériau dans la mesure où, pour se faire admettre, il était préférable de calquer l'enseignement des LVE sur celui des langues mortes qui lui, privilégiait l'objectif formatif et culturel au détriment de l'objectif linguistique, conformément au modèle éducatif des humanités classiques. C'est dans ce contexte que l'inspecteur général Emile Hovelaque, partisan de la MD, écrit aux professeurs de langues vivantes pour les rassurer en affirmant: *"Les accusations récemment portées contre votre enseignement ne sont pas fondées. Il n'est pas une école d'imprécision. Il n'est pas un vain psittacisme. Il n'est pas destructeur de toute culture de l'esprit. Il n'est pas l'ennemi du français et en vous, vos collègues trouveront, quand ils le voudront, de précieux collaborateurs dans l'oeuvre commune de la formation des esprits qui vous sont confiés"* (1910 p 192).

— 19 —

De la linguistique appliquée aux théories de l'acquisition dans l'apprentissage
des langues, ou l'odyssée de la progression centrée sur la matière à enseigner

La méthodologie active (désormais siglée MA) dite aussi du "compromis", "éclectique" ou de l'"équilibre" qui s'emploiera à panser les plaies de la virulente querelle entre les *"anciens et les modernes"* sera marquée par un irénisme pédagogique durant lequel, et contre toute attente, l'idée de centrer la réflexion sur le matériau va s'affirmer. Le souci de sélection et de gradation fait son chemin depuis le praticien, en passant par le méthodologue, jusqu'à l'inspection générale qui avait dans l'instruction de 1950, repris à son compte la volonté de limitation lexicale en ces termes: *"Telle classe pourra utiliser correctement 700 mots à la fin de la première année ; telle autre, sous une direction et avec un travail semblable peut être 300 seulement. N'oublions pas le petit nombre d'heures dont nous disposons, le temps très limité aussi dont les enfants disposent à domicile,...".*

C'est avec la MD que les travaux de statistiques lexicales vont commencer à se développer en France. Le Centre du Français Élémentaire commence au début des années 1950 à préparer ce qui deviendra ensuite le Français Fondamental: *"L'idée commence à s'imposer que, pour résoudre le problème de la sélection et de la gradation lexicales dans l'enseignement des LVE, l'exploration statistique des centres d'intérêts est devenue une nécessité. Ces mots sont de R. Michea..., l'un des pionniers de la sélection scientifique du vocabulaire d'enseignement en France, et le promoteur du critère de disponibilité qui sera retenu pour l'élaboration du Français Fondamental"* (Puren C. 1988 p.252). C'est également avec la MA que l'on va abandonner la croyance en une identité profonde d'un peuple que l'on définissait par les mots "génie" ou "âme" et que l'on va parler non plus de culture mais de civilisation au sens anthropologique comme un ensemble des manières de vivre, de penser et de sentir de ce peuple.

LA LINGUISTIQUE APPLIQUÉE ET LE FRANÇAIS FONDAMENTAL "PREMIER TEMPS FORT"

C'est incontestablement le développement des recherches en linguistique qui a apporté sa caution à la sélection du matériau pour l'enseignement / apprentissage des langues vivantes. Cette discipline en plein essor va promouvoir une approche scientifique du langage et permettre d'opérer un tri pour répondre aux besoins pédagogico-institutionnels des années 50-60. Pédagogique, dans la mesure où l'irénisme de rigueur dans la MA ne pouvait plus contenir l'épineux problème du choix des matériaux rendu inévitable par l'inadéqua-

— 20 —

tion entre l'objectif pratique et l'objectif culturel, mais également besoin institutionnel dans la mesure où, rappelons-le, la France est soucieuse de restaurer son image dans son empire colonial et à l'étranger en promouvant l'enseignement de sa langue, mais de manière à ce que le plus large public puisse y avoir accès. Cette préoccupation rejoignait également celle de l'UNESCO qui voulait améliorer les conditions de vie des *"populations déshéritées"* (Brunsvick. Y 1984. p 80).

L'indice déterminant qui caractérise l'enseignement-apprentissage des langues est le formalisme qui emprunte essentiellement ses schémas à la linguistique, laquelle manifeste un conventionnalisme très fort. Il suffit pour cela de se souvenir des deux fameux axes "paradigmatique et syntagmatique" empruntés à la linguistique appliquée américaine à partir des années soixante, ou des notions de "stimulus" et de "réponse" empruntées à Bloomfield via Skinner. Il est probable que le courant américain ait été plus conventionnel et formaliste que le courant européen, lequel a été fortement marqué par Saussure et sa théorie de la valeur dont le Traité de Stylistique de Charles Bally, posera, dès 1909, les fondements théoriques de ce que l'on appellera plus tard l'énonciation.

On considère alors que *fors* la linguistique, il n'est point de salut et que c'est donc sous l'égide de sa version dite "appliquée" que se feront les enquêtes de statistiques sur la langue parlée dans la perspective de l'élaboration du français fondamental. Elles seront réalisées sous la direction de G. Gougenheim entre 1951 et 1954 à partir des critères suivants:

- ◆ enquête sur la fréquence et la répartition des mots utilisés dans 163 conversations enregistrées et transcrites.
- ◆ enquête sur le degré de disponibilité des noms concrets.

Les résultats de cette étude seront publiés en deux listes distinctes ; d'une part, un français fondamental premier degré de 1475 mots en 1954 et d'autre part, un français fondamental second degré de 1609 mots. Ces listes seront utilisées par les concepteurs de nombreux cours de Français Langue Etrangère, notamment par les méthodologues du CREDIF qui vont élaborer le premier cours audiovisuel de FLE: Voix et images de France, qui servira de modèle à d'autres cours aussi bien pour l'enseignement du FLE que pour l'enseignement des langues vivantes en France dans le cadre de la méthodologie audiovisuelle (désormais siglée MAV).

De la linguistique appliquée aux théories de l'acquisition dans l'apprentissage
des langues, ou l'odyssée de la progression centrée sur la matière à enseigner

Ces enquêtes se basent sur la langue parlée dans la pure lignée des préoccupations de la linguistique appliquée, alors seule discipline de référence. La sélection s'est exclusivement faite à ce niveau comme le souligne P. Guberina pour nous prouver le mariage heureux entre sa théorie structuro-globale-audio-visuelle et ces enquêtes statistiques sur la langue orale: "*Cette recherche* (Le Français Fondamental) *partait des situations vivantes (la langue parlée) et rejoignait donc, de ce point de vue, la linguistique de la parole, où les situations et les expressions par la totalité des paramètres constituant la parole sont fondamentales. Bien que le but final du Français Fondamental ait été de sélectionner statistiquement un vocabulaire et un ensemble des formes grammaticales considérées comme les plus usuels du français, sans tenir compte, d'autres moyens d'expression dans la communication, il a pu, grâce à la réflexion sur le structuro-global retourner à ses sources, c'est-à-dire aux situations et à la totalité des moyens mis en oeuvre pour exprimer ces situations*" (1984 p.97). Relire Saussure, Bally et Guberina apparait désormais comme une priorité pour bien comprendre la "*filiation indiscutable*" (Cortes J. 1987 p.31) dans le traitement de la matière à enseigner.

Mais force est de constater que langue et culture sont deux choses indissociables et que l'objectif culturel, après avoir été frappé d'ostracisme par la linguistique appliquée, réapparait avec la problématique du niveau II car contrairement au Basic English qui réduit le vocabulaire anglais à quelques centaines de mots dont les combinaisons devraient permettre de tout exprimer à l'aide de périphrases, le Français Fondamental premier degré, a été conçu comme une première étape en vue de l'acquisition ultérieure d'une langue plus riche. Il ne constituait qu'une sorte de propédeutique lexicale et grammaticale, mais très vite des polémiques s'installèrent et firent rage à propos des objectifs culturels et formatifs que la théorie de référence (la linguistique appliquée) avait laissé pour compte et qui ne pouvaient être atteints dans le strict cadre d'une sélection du matériau linguistique. C'est le fameux "choc en retour" (l'expression est de F. Debyser) du niveau II sur le niveau I. On sait que le passage moderne et anthropologique de la culture exprimant alors l'ensemble des manières de vivre, de penser et de sentir d'un peuple va ouvrir la voie à la revendication authentique, aussi bien au niveau du simple matériau linguistique qu'au niveau culturel.

C'est ainsi que le " Document authentique " (désormais siglé DC) va s'ériger contre le "totalitarisme" de la MAV et c'est en se livrant à un véritable réquisitoire contre la MAV que F. Debyser dénonce la situation de la matière à enseigner dans cette méthodologie en souligant le caractère jugé totalitaire de cette dernière: *"Ionesco avait inventé dans La leçon , le doctorat total ....nous avons mis au point les méthodes totales, à plusieurs étapes, degrés ou niveaux, pourvues d'exercices faciles, de films fixes, de diapositives, de cassettes, etc ; l'espace et le temps pédagogiques sont désormais remplis par la méthode qui a tout envahi et tout englouti ; la matière à enseigner qu'elle a entièrement incorporée, le maître, recyclé à cet effet, demain les éléves: heureusement, il est peu probable qu'ils se laissent faire"* (1973 p 66).

[...] nous pensons que depuis sa séparation de corps mais pas de biens d'avec la didactique, la linguistique a fait son chemin et, bien que s'en tenant toujours à son idéal de non-prescription, elle offre aujourd'hui des passages et des voies de traverse grâce à ce qu'il est convenu d'appeler la "linguistique de l'acquisition". Il faut impérativement qu'un rapprochement se fasse entre les recherches sur l'acquisition des langues vivantes et la DLE pour sortir de l'impasse car elles offrent des perspectives considérables pour le traitement et l'agencement de la matière à enseigner en introduisant des concepts nouveaux et en apportant des éclairages et des solutions concrètes.

De la linguistique appliquée aux théories de l'acquisition dans l'apprentissage
des langues, ou l'odyssée de la progression centrée sur la matière à enseigner

La matière à enseigner a donc été *"entièrement incorporée"* dans la MAV et on connait les critiques formulées à son égard au niveau des conséquences de la sélection du matériau: une langue peu naturelle et trop éloignée de l'authentique communication entre français avec ses dialogues fabriqués et aseptisés. Cette sélection opérée pour la constitution du Français Fondamental 1er degré allait être le détonateur de la revendication authentique lorsqu'il a fallu élaborer le niveau 2 avec la place à accorder à l'enseignement de la civilisation rendant inévitable une nouvelle analyse du matériau linguistique.

Le niveau 2 donne la primauté au signifié au détriment du signifiant et son objectif culturel remettait pleinement en cause la notion de progression linguistique incompatible avec l'engouement suscité par la variété des discours authentiques ainsi que des supports. Pour J. Cortes le grand débat des années 1970 s'articule autour de la problématique suivante: *"Comment concilier l'appétit d'authenticité des nouveaux pédagogues (...) avec la nécessité d'établir une progression des contenus linguistiques (...) sachant qu'en langue seconde, qu'on l'admette ou non, la maîtrise préalable des formes est la première clause du contrat d'apprentissage"* (1983 p22-23).

Dans le cadre du mouvement général de remise en cause des valeurs existantes provoqué par les événements de mai 68, l'enseignement-apprentissage des langues va faire voler en éclat la plate-forme linguistique sur laquelle s'appuyait la progression de la MAV ainsi que la référence théorique à la linguistique appliquée comme le montre cet inventaire non-exhaustif de R. Galisson: *"La panoplie des documents authentiques va de l'affiche, du prospectus, du tract....à la chanson, à la correspondance, à la facture, à la feuille de paye, à l'ordonance du médecin, au livret scolaire de l'élève, au mode d'emploi de l'appareil,...en passant par la photo, la diapo, le film, l'emission de radio ou de télé, etc..."* (1980 p.86).

Il n'est pas inintéressant de faire un détour par le cheminement ou l'évolution qui va du français instrumental dont G. Alvarez (1977) a été l'un des principaux porte-drapeau en passant par le français fonctionnel pour arriver enfin à l'enseignement fonctionnel du français. Si ces trois appellations revêtent chacune des réalités très différentes, elles ont en commun le souci de sélectionner et d'agencer la gradation du matériau linguistique en particulier les deux premiers qui ont été incontestablement les pionniers en la matière, la troisième faisant une place plus importante à la dimension sociale du langage.

On sait que le français instrumental s'affirme au départ dans l'espace latino-américain et se fixe un objectif particulier: *"Le français est ici conçu comme un instrument d'accès à un certain type d'information (en général écrite). Il ne s'agit pas d'acquérir une compétence de communication ; mais une compétence de compréhension minimale. Ainsi, l'ingénieur qui veut pouvoir utiliser certains documents en français n'a besoin que d'un certain type de capacité"* (Boyer H et alii 1990 p57). La sélection du matériau se fait donc tout naturellement par le public correspondant à la spécialité professionnelle, essentiellement dans les domaines technologiques. C'est la langue sectorielle qui constitue la matière à enseigner sans pour autant être dispensée dans le cadre d'une méthodologie précise ou d'un domaine d'expérimentation.

Cette approche du français instrumental n'a pas été sans soulever quelques polémiques. C'est J. Cortes qui jetera l'anathème le plus virulent en répondant à G. Alvarez au congrès de l'AUPELF à Strasbourg (1977): *"Nous jouons avec les moyens du bord, une partie très compromise. Si cette situation extraordinairement précaire a permis d'affiner l'analyse des besoins, la détermination et la description des actes de langage, la prise en compte des variables psychosociologiques de la communication, etc... il faut noter aussi qu'elle a abouti à ce triste saucissonnage, entre compréhension et expression d'une part, entre écrit et oral, d'autre part, saucissonnage auquel je n'entends pas adhérer"* (1977 p.91). Tout en reconnaissant la centration sur la matière à enseigner (description des actes de langage, etc..), c'est d'une part l'éclatement des quatre aptitudes qui est dénoncé et d'autre part la "dérive" vers une conception par trop minimaliste qui relègue la langue française à un sous-code.

Comme nous pouvons le constater, le traitement du matériau est largement impliqué dans cette polémique et la tendance va également s'accentuer avec le français fonctionnel qui désigne, vers le milieu des années 1970: *" un enseignement linguistique spécialisé (scientifique/technique) en direction de publics professionnels"* (idem 1977 p.58). Les méthodologues s'efforcent de répondre à leurs attentes en sélectionnant le matériau et en le regroupant par champs lexicaux. C'est ainsi que le CREDIF publiera à l'aide de vocabulaires spécialisés: le Vocabulaire d'initiation à la critique et à l'explication littéraire (1964), le Vocabulaire général d'orientation scientifique (1971), le Vocabulaire d'initiation aux études géologiques (1971) ainsi que Voix et images médicales (1972).

De la linguistique appliquée aux théories de l'acquisition dans l'apprentissage
des langues, ou l'odyssée de la progression centrée sur la matière à enseigner

L'ENSEIGNEMENT FONCTIONNEL DU FRANÇAIS ET UN NIVEAU SEUIL " DEUXIÈME TEMPS FORT "

L'étude du matériau linguistique va connaître avec l'enseignement fonctionnel du français une crédibilité scientifique jusqu'alors inégalée avec l'élaboration de Un Niveau Seuil dans le cadre du projet d'apprentissage des langues vivantes du Conseil de l'Europe. La matière enseignée, dont l'étude a trop souvent été envisagée par l'unique biais de la langue va désormais être inféodée à la parole dont l'analyse souligne qu'elle est étroitement liée au comportement social, d'où la constitution des deux répertoires langagiers suivants:

1. Les actes de parole, qui constituent: *"L'inventaire des actes jugés indispensables à un premier niveau des compétences de communication et de leurs réalisations les plus courantes en français"* (Roulet. E. 1977 p.2)

2. Les objets et les notions, qui constituent: *"Le lexique d'un Niveau Seuil de compétences de communication en français"* (idem p.3). Pour se faire une idée définitive du traitement du matériau, E.Roulet nous l'explicite dans la Présentation et guide d'emploi du Niveau Seuil (1977): *"On peut déterminer les besoins langagiers d'apprenant en fonction des actes de parole qu'ils auront à accomplir dans certaines situations, envers certains interlocuteurs et à propos de certains objets ou notion: par exemple, demander une information à un employé au guichet de la gare sur l'heure du départ (...). Dans cette perspective, le choix du vocabulaire et des structures grammaticales est subordonné à l'acte et aux différents paramètres (statut social et affectif des interlocuteurs), canal (téléphone, face-à-face), support (écrit ou oral), situation (plus ou moins formelle, etc.) qui en commandent la réalisation"*. (idem p.1).

Repensé dans sa dimension sociale, le matériau va progressivement s'éloigner de la langue purement sectorielle et s'affirmer d'avantage comme un élément incontournable de la réflexion didactique car il apparait comme la réalité la plus palpable de la complexité que représente le langage à la lumière des besoins langagiers des apprenants. A ce stade de l'expérimentation en méthodologie de l'enseignement / apprentissage des LVE, l'étude

FRANCÊS
LÍNGUA ESTRANGEIRA
Novas demandas, novas respostas

des unités fonctionnelles et notionnelles de Un Niveau-Seuil, étude qui opère des choix et un reclassement de la matière à enseigner, conforte la centration de la progression sur cette dernière comme en témoigne le titre d'un travail de J. Courtillon: Unités fonctionnelles-notionnelles pouvant servir de base à l'établissement d'une progression dans un cours de langue (1979).

Nous avons souligné plus haut que les recherches en linguistique de l'énonciation, en analyse du discours et en pragmatique contribuaient à privilégier la parole au détriment de la langue. L'approche communicative s'inscrit exactement dans le prolongement de cette orientation et marque incontestablement après le tournant que constitue l'enseignement fonctionnel du français, un ancrage plus radical dans le traitement du matériau qui devient résolument onomasiologique. Le processus de relégation du sémasiologique avait déjà été entamé avec les supports audio et visuel de la MAV. Ils s'était affirmé avec le document authentique par le traitement de l'implicite et s'était accentué avec la constitution de Un Niveau Seuil en plaçant l'acte de parole au coeur du processus d'apprentissage. L'approche communicative avec ces quatre composantes (linguistique, discursive, référentielle, socioculturelle) traite le matériau dans une optique Hjelmslevienne avec la dichotomie onomasiologie/sémasiologie, la première partant du concept et recherchant les signes linguistiques qui lui correspondent et la deuxiéme partant du signe pour aller vers l'idée.

Un débat interne à l'approche communicative a opposé les tenants d'une approche minimaliste (E.Savignan) visant à découper le matériau pour acquérir des capacités communicatives minimales et dont relève la notion de " Niveau-Seuil " avec ses actes de parole ; aux tenants d'une approche maximaliste qui souhaitaient prendre en compte les travaux portant sur le discours (H.G Widdowson) ainsi que l'analyse des conversations (R.Goffman). Dans les deux cas, c'est toujours la sélection du matériau linguistique qui anime le débat pour déterminer son aptitude à être le plus performant afin d'atteindre non pas la simple compétence linguistique mais la compétence de communication. Pour l'atteindre, c'est bien une approche onomasiologique de la matière à enseigner qui est préconisée car la plupart des composantes de l'approche communicative s'appuie plus sur les potentialités conceptuelles du matériau, notamment en fonction du contexte social (composante discursive chez S. Moirand – 1989-, sociologique chez Canale et Swain) que sur ses formes purement linguistiques, comme en témoignent les unités capitalisables.

De la linguistique appliquée aux théories de l'acquisition dans l'apprentissage
des langues, ou l'odyssée de la progression centrée sur la matière à enseigner

LES RECHERCHES SUR L'ACQUISITION DES LANGUES: VERS UN "TROISIÈME TEMPS FORT"?

Mais force est de constater que depuis les années 1980, la progression centrée sur la matière à enseigner traverse une période de sécheresse qui perdure dangereusement au sein de la recherche en didactique. Tout se passe comme si l'acte de parole était la dernière approche possible dans le traitement-agencement du matériau. La relève se fait attendre et si l'applicationnisme des linguistes, tant décrié lors des deux dernières décennies, ne fait plus peur en ce début de troisième millénaire, alors il y a tout lieu de renouer le dialogue avec les linguistes pour rompre avec ce silence inquiétant et cette stagnation qui traduisent une panne en matière de proposition comme le souligne R. Galisson: *"Les responsables de programmes, les auteurs de modules pédagogiques et les praticiens disposent aujourd'hui de descriptions de contenus d'enseignement tout aussi atomistes que celles dont ils se servaient hier. Les listes de structures morpho-syntaxiques et de mots ont fait place aux listes d'actes de parole et de notions, mais le stade de la description-inventaire n'est pas dépassé, parce qu'on ne sait toujours pas rendre compte de l'articulation des composantes communicatives entre elles. Ce qui signifie que, dans le cadre de la linguistique de l'énonciation, les didacticiens ne savent pas mieux concatenir les actes entre eux qu'ils ne savaient hier, dans le cadre de la linguistique de l'énoncé, enchaîner les phrases entre elles. Le passage de la description énumérative ou cumulative à la description fonctionnelle est encore à faire, sans doute parce que l'acte de parole est un outil d'analyse encore statique"* (1980 p.113).

C'est pourquoi, nous pensons que depuis sa séparation de corps mais pas de biens d'avec la didactique, la linguistique a fait son chemin et, bien que s'en tenant toujours à son idéal de non-prescription, elle offre aujourd'hui des passages et des voies de traverse grâce à ce qu'il est convenu d'appeler la "linguistique de l'acquisition". Il faut impérativement qu'un rapprochement se fasse entre les recherches sur l'acquisition des langues vivantes et la DLE pour sortir de l'impasse car elles offrent des perspectives considérables pour le traitement et l'agencement de la matière à enseigner en introduisant des concepts nouveaux et en apportant des éclairages et des solutions concrètes.

Pour mieux s'en rendre compte, nous citerons de larges extraits d'un article du linguistique-acquisitionniste Daniel Véronique intitulé: "Linguistique de l'acquisition et didactique des langues: à propos de la référence pronominale" (1994) qui montre que la

— 28 —

FRANCÊS
LÍNGUA ESTRANGEIRA
Novas demandas, novas respostas

RAL (Recherches sur l'Acquisition des Langues), tout en ne négligeant pas la dimension cognitive de l'apprentissage se propose, à la lumière des descriptions linguistiques du processus d'appropriation des formes, de dégager des parcours d'apprentissage en termes d'évolution de systèmes intermédiaires et offrir à l'enseignant un ensemble d'orientations pratiques:

"Si l'on conçoit bien que le sujet épistémique du linguiste n'est pas celui auquel est confronté l'enseignant de LVE et que les activités de ces deux acteurs sont différemment orientées, cette altérité de fait ne constitue pas obligatoirement un obstacle à l'échange. D'autant plus qu'un ensemble de propositions de la RAL pourrait être acceptée d'emblée par les enseignants. D'abord celles associées à la notion d'interlangue:

+ les lapsus, les fautes et les erreurs des apprenants de langues étrangères doivent être différenciés en tant que phénomènes linguistiques. Ils sont les produits d'une hétérogénéité des facteurs,

+ les erreurs manifestent une systématicité qui n'est pas dûe exclusivement à l'interférence des langues antérieurement connues ou au mécanisme d'analogie induit par la langue-cible. D'autres facteurs internes, les tâches communicatives et cognitives à accomplir par exemple, ou externes tels que la motivation et la nature de l'exposition à la langue-cible sont aussi déterminants.

+ la régularité et la systématicité des erreurs en langue étrangére (voir Perdue 1980) témoignent de l'existence d'une grammaire et d'une compétence transitoire partiellement indépendantes de L1 et de L2. Décrire les évolutions de cette grammaire permet de rendre compte du développement de la maîtrise de la langue-cible.

+ *les erreurs sont les traces de stratégies d'apprentissage mises en oeuvre par l'apprenant"* (Véronique D. 1994 pp.299-300).

Et d'exemplifier ces propositions avec l'appropriation de la référence pronominale en Français par des hispanophones et arabophones où l'on s'aperçoit que le matériau linguistique, qu'il soit grammatical ou lexical est revisité non plus uniquement à la lumière de ses potentialités communicatives mais également dans sa dynamique d'appropriation telles qu'elles se manifestent à travers les productions d'apprenants échelonnées dans le temps. Ainsi, la synthèse sur l'acquisition de la référence pronominale en français fait apparaître que:

De la linguistique appliquée aux théories de l'acquisition dans l'apprentissage des langues, ou l'odyssée de la progression centrée sur la matière à enseigner

- ✦ *les formes pronominales pleines ou toniques sont acquises avant les formes brèves,*
- ✦ l'emploi des pronoms en position de sujet est attesté avant tout emploi en position d'objet,
- ✦ la différence morphologique de genre à la personne 3 n'est pas respectée,
- ✦ *des formes idiosyncratiques sont employées dans des fonctions pronominales. Cela est à mettre en relation avec la difficulté qu'éprouvent les apprenants à analyser le complexe pronom clitique sujet + verbe en français, ce dont témoigne aussi leur recours fréquent à des formes comme / jana/ et /se/ "* (idem p.308).

La démarche n'est pas exclusivement contrastive. Des regroupements sont possibles par communauté linguistique (anglophone, arabophone, hispanophone, etc) et même inter-communauté comme dans le cas cité ci-dessus (arabophone et hispanophone) car à partir de ce type de description des schémas peuvent être établis et insérés dans une progression acquisitionnelle sur la base de micro-grammaires ou à des sous-ensembles communica-tionnels de la langue-cible.

CONCLUSION: REVIVIFIER LA PROGRESSION CENTRÉE SUR LA MATIÈRE À ENSEIGNER.

Au terme de cette odyssée de la notion de progression centrée sur la matière à enseigner depuis la méthodologie traditionnelle jusqu'au post-communicatif où l'éclectisme gestionnaire (Puren C. 1993) est de rigueur ; quelques enseignements majeurs s'imposent:

- ✦ d'une part, que les évolutions dans le traitement de la matière à enseigner apparaissent, dans l'axe diachronique, comme une réponse à de nouvelles deman-des formulées en terme philosophique (modèle éducatif), politique (guerre mondiale, construction européenne), socioculturelle (mai 68) et que ces composantes externes sont majoritaires par rapport aux internes (méthodologique, psychopédagogique, etc) comme le confirme R. Galisson en ces termes: "*Ainsi la demande en langues étrangéres est si considérable, que le poids économique, politique, idéologique de la didactique des langues est très supérieur à celui des disciplines de référence réunies*" (1990).

FRANCÊS
LÍNGUA ESTRANGEIRA
Novas demandas, novas respostas

+ d'autre part, que la linguistique appliquée, après avoir connu ses heures de gloire dans l'enseignement – apprentissage des langues, cède le pas depuis l'enseignement fonctionnel du français et l'approche communicative pour devenir non plus une discipline d'appui mais une discipline d'appoint en didactique des langues à la lumière de l'étude de la notion complexe de progression (Borg S. 1997), notion-clé du domaine.

+ enfin, que la contribution de la recherche sur l'acquisition des langues (RAL) dégage deux orientations pertinentes pour la didactique des langues. En premier lieu, elle apporte des éléments de réponse sur " l'apprenabilité" (*learnability*), que l'on distingue de " l'enseignabilité" (*teachability*), dichotomie de Pienemann (1984,1985), à propos de savoir linguistiques et communicatifs, en indiquant, selon D. Véronique: "*que des relations d'implication lient différents modules et sous-ensemble de ces savoirs, relations que le concepteur de curriculum et de syllabus gagnerait à explorer à son tour*" (2000 p.150). En second lieu, elle fait apparaître que dans le même temps, au sein d'un micro-système: "*Tout n'est pas enseignable en même temps, et qu'il existe bien un ordre cognitif ou sociocognitif des opérations langagières et communicationnelles, que la RAL contribue à mettre à jour*" (idem).

C'est pourquoi, on peut légitimement espérer que le troisième temps fort dans l'histoire du traitement du matériau sera le fruit de la RAL, et qu' il y a tout lieu d'encourager la recherche dans ce secteur de la didactique des langues afin de revivifier la progression centrée sur la matière à enseigner.

Prof. Dr. Serge Borg

Docteur en sciences du langage en didactique des langues, il est membre fondateur du GERFLINT (Groupe d'Etudes et de Recherches pour le Français Langue Internationale). Directeur et Rédacteur en chef de la revue ***Synergies Brésil*** (de 1998 à 2002) et ***Synergies Italie*** (depuis 2003). Chargé d'enseignement au CLA de Besançon (Université de Franche Comté de 1988 à 1998) ainsi qu'à la Faculté de Lettres de l'université de Provence, il a exercé les fonctions de formateur et de coordinateur au sein des GRETAs de l'Académie d'Aix-Marseille pour le compte de la DAFCO (Délégation Académique à la Formation Continue pour adultes 1992-1996). Assistant linguistique à Palerme, Lecteur à l'université des Açores, Attaché de coopération pour le français au Bureau de Coopération Linguistique et Educative de Coimbra, Directeur Pédagogique des Alliances Françaises de São Paulo, Chargé de mission au Centre Culturel et de Coopération Linguistique de Turin il exerce actuellement les fonctions de Directeur du Centre de Linguistique Appliquée de l'Université de Franche-Comté, à Besançon. Il prépare également une HDR (Habilitation à Diriger des Recherches doctorales) sous la direction du Professeur Christian Puren, à l'université Jean Monnet de Saint Etienne.

De la linguistique appliquée aux théories de l'acquisition dans l'apprentissage des langues, ou l'odyssée de la progression centrée sur la matière à enseigner

BIBLIOGRAPHIE

- ALVAREZ, G. Le renouveau des études françaises à l'université – deuxième rencontre mondiale des départements d'études françaises. Université de Strasbourg / AUPELF, 1977.

- BAILLY, C. Traité de stylistique française Klincksieck, Paris, 1909.

- BORG, S. La notion de progression en didactologie des langues-cultures: observations centrées sur la didactique du français langue étrangère. Thèse de doctorat nouveau régime, soutenue à l'université de Rouen, sous la direction du Professeur Jacques Cortes. Juin 1997.

- BOYER et alii Nouvelle introduction à la didactique du Français Langue Etrangère. Paris, Clé International, 1990.

- BRUNSVICK, Y. "Les origines: du français élémentaire au Français Fondamental" in Coste D (Coordonné par) Aspects d'une politique de diffusion du FLE depuis 1945. Matériaux pour une histoire, Paris, Hatier, 1984.

- CORTES, J. "Remarques sur le français fonctionnel" in Le renouveau des études françaises à l'université – deuxième rencontre mondiale des départements d'études françaises. Université de Strasbourg / AUPELF, 1977

    —— "La didactique des langues de 1950 à 1980" in Cahiers de l'EREL, Université de Nantes, 1983.

    —— (coord.) Une introduction à la recherche scientifique en didactique des langues. Paris, Didier/ Credif, 1987.

- COURTILLON, J. "Unités fonctionnelles-notionnelles pouvant servir de base à l'établissement d'une progression dans un cours de langue", Credif, 1979.

- DEBYSER, F. "La mort du manuel ou le déclin de l'illusion méthodologique" *Le Français dans le monde*, n° 100, octobre-novembre 1973.

- GALISSON, R. D'hier à aujourd'hui, la didactique générale des langues étrangères Paris, Hachette, 1980.

    _____ *De la linguistique appliquée* à la didactologie des langues-cultures: Vingt ans de réflexion disciplinaire (article: Où va la didactique du Français Langue Etrangère) in *ELA* n° 79, Paris, Didier Erudition, 1990.

- GOUGENHEIM, G. et alii L'élaboration du Français Fondamental. Etude sur l'établissement d'un vocabulaire et d'une grammaire de base. Paris, Didier, 1956.

- GUBERINA, P. "Bases théoriques de la méthode audiovisuelle structuro-globale (méthode Saint Cloud – Zagreb). Une linguistique de la parole" in Coste D. (coordonné par) Aspects d'une politique de diffusion du français langue étrangère depuis 1945. Matériaux pour une histoire. Paris, Hatier, 1983.

- HOVELAQUE, E. "L' enseignement des langues vivantes dans le deuxième cycle" in *Les langues modernes* nº 5, Paris, 1909.

- MOIRAND, S. Une histoire de discours... Une analyse des discours de la revue in *Le français dans le monde* 1961-1981, Paris, Hachette, 1987.

- PORCHER, L. "Qui progresse vers quoi?" in *Etudes de Linguistique Appliquée* nº 16, Paris. Didier, 1973.

- PUREN, C. Histoire des méthodologies de l'enseignement des langues Collection dirigée par Robert Galisson. Nathan Clé International, Paris, 1987.

    ____ La didactique des langues à la croisée des méthodes: essai sur l'éclectisme. Credif-Didier, 1984.

- ROULET, E. Un Niveau Seuil: présentation et guide d'emploi, Strasbourg, Conseil de l'Europe, 1977.

- PIENEMANN, M "Psychological constraints on the teachability of language " in *Studies in second language acquisition*, nº 6, 1984.

    ____ " Learnability and syllabus construction " in Hyltenstamm, K /Pienemann, M (eds): Modelling and Assessing Second Language Acquisition. Clevedon, Multilingual Matters, 1985.

- VERONIQUE, D. "Linguistique de l'acquisition et didactique des langues étrangères - A propos de la référence pronominale" in *Théories, données et pratique du FLE*, Paris, PUL, 1994.

    ____ "Vers une redéfinition de la notion de progression: la contribution de la recherche sur l'acquisition des langues étrangères." in *Notions en questions*, nº 3, mars 2000.

- Index des textes officiels cités:
15 novembre 1901Circulaire relative à l'enseignement des langues vivantes, signée G. Leygues, BAMIP, T LXX. pp. 895-897

- 1 décembre 1950
Instruction concernant les langues vivantes. Ministère de l'éducation. Langues vivantes. Paris CNDP 1978 pp. 28-34.

FRANCÊS
LÍNGUA ESTRANGEIRA
Novas demandas, novas respostas

O Contexto Lingüístico em Sala de Aula de Língua Estrangeira[1]

Renata Braz Amaro
renataamaro@ig.com.br
Fundação de Apoio à Escola Técnica – FAETEC - RJ

Ao estudarmos o discurso que se realiza em sala de aula de língua estrangeira vemo-nos diante de uma situação de fala não espontânea, em que os agentes envolvidos (professor e alunos) encontram-se em níveis de conhecimento diferentes. O professor é capacitado para ensinar, conhece bem a língua e o aluno está disposto a conhecê-la. No ambiente de sala de aula os dois são "forçados" a comunicar numa língua que não é, em muitos casos, usada no cotidiano. De acordo com Dabène (1984) temos de um lado o professor que exerce "a função informativa (pois é ele quem informa sobre a língua), a função de animador (é ele quem orienta o rumo da aula, permitindo ou não a introdução de determinado tema), e a função de avaliador (fazendo as correções necessárias, reformulando estruturas)". Do outro lado estão os alunos que não possuem o mesmo nível de conhecimento do professor.

---

1. Este trabalho é parte integrante (com algumas modificações) da dissertação de mestrado intitulada "Construção do discurso da aula de LE", defendida na Universidade Federal Fluminense em novembro de 2000.

Como já foi dito acima cabe ao professor desempenhar vários papéis, sendo que o principal deles seria o de indicar os tipos de trocas lingüísticas que favoreçam o aprendizado. Ele procura solicitar dos alunos frases completas, corretas, com a substituição de expressões se necessário, como se vê no exemplo:

E.: Alors, avec monsieur, on peut utiliser vieux [2]

P.: Oui. Un VIEUX Monsieur

E.: Avec homme c'est?

P.: Agé.

E.: Agé ou....ou.....

P.: ⌈ou vieil homme

P.: On ne peut pas dire un VIEUX homme

E.: Un homme vieux

P.: Un vieil homme/ ou un HOMME vieux [3]

Todas as atividades de sala de aula de LE (língua estrangeira) são estabelecidas diante de um tema (seja ele gramatical ou não): sugerido pelo método, dúvida de emprego da gramática, texto de jornal ou revista, debate sobre um tema livre etc. O professor é uma espécie de regulador, ele indica uma forma adequada de empregar um termo ou de expressar uma idéia de acordo com a gramática da língua e/ou a situação onde o termo ou expressão será utilizado.

No ensino de uma língua estrangeira em que se usa uma metodologia comunicativa (aquela que dá prioridade ao uso da língua em situações da oralidade) deve-se ter em vista que o professor vai ensinar a língua estrangeira através da própria língua.

---

2. Código de transcrição:
/: indica pausa
( ): indica comentários da pessoa que fez a transcrição
LICENCE: letras maiúsculas indicam acento de intensidade
[: indica que aconteceram falas simultâneas
"Daños": as aspas indicam uso da língua materna.

3. Escolheu-se fazer a tradução de todas as transcrições para que este artigo possa ser lido por profissionais de outras línguas.
A.: Então com Senhor pode-se dizer velho
P: Sim um velho Senhor
A.: Com homem é?
P: Idoso
A.: Idoso ou... ou...
P.: [Um homem velho
P.: Não se pode dizer um velho homem
A.: Um homem velho
P.: Um homem idoso/ ou um homem velho

> *Ao se ensinar uma língua estrangeira estamos relacionando regras, descrevendo o emprego, explicando, corrigindo; preenchendo o espaço da sala de aula com uma língua da qual o aluno não faz uso no dia a dia. O professor mostra a ele quais as regras gramaticais e contextuais de uso da língua que lhe é totalmente "étrangère". Como se dá esta interação que é feita totalmente na LE?*

Se a atividade lingüística tem como objeto a própria língua, ou seja, a língua como instrumento de análise e objeto de estudo, estamos diante de uma atividade metalingüística.

O professor espera que o aluno participe do ritual da aula. Este ritual baseia-se no contrato de base (CICUREL, 1985). Neste contrato os dois lados (professor e alunos) assumem suas posições sociais: o aluno, aquele que tem como objetivo aprender e o professor, aquele ao qual é delegada através da instituição (escola, curso) a possibilidade de ensinar. Do aluno é esperada a participação no ritual comunicativo, suas falas não devem se resumir a "sim" ou "não" (uma das diferenças entre conversação pedagógica e conversação não-pedagógica, onde esta atitude é permitida). Se for através do uso da língua que ele será avaliado pelo professor sua resposta deverá ser a mais completa possível. A resposta completa torna-se uma espécie de atestado do saber já que é com ela que o professor é capaz de avaliar os conhecimentos do aluno. Este tipo de situação não se repete num ambiente extra-classe. Se estamos numa festa conversando com alguém (situação extra-classe) não estamos verificando o nível de conhecimento lingüístico do nosso interlocutor, estamos apenas trocando informações.

Além de avaliar o aluno através de sua resposta o professor irá verificar sua competência de comunicação, ou seja, ele não quer somente uma resposta correta do ponto de vista gramatical, mas ele quer verificar também se o aluno é capaz de adequar sua resposta se exposto a outras situações, dependendo do contexto.

P.: Une nuance entre clair et éclatant? Oui, je pense, il y a une différence. C'est tous les deux des choses positives, ça fait partie du même groupe, mais il y a des différences. Clair, c'est pas la même chose qu'éclatant. Tu ne peux pas dire: "le soleil est clair", le soleil est quelque chose qui rayonne, ça donne un peu de rayons, comme ça (elle dessine un soleil). Elle a un visage éclatant, un teint .... vous connaissez "le teint de la peau?" la couleur du visage. Avoir un teint....

E.: Des yeux éclatants.

P.: Oui, des yeux aussi.

E.: Brillants.

P.: Brilllants un peu oui. Mais si tu dis que je brille, ça veut dire que j'ai la peau grasse! Vous comprenez? Tandis que si je dis que j'ai un teint éclatant, c'est bien.[4]

Já que para aprender uma língua deve-se falá-la, o professor, visando ao máximo o uso da oralidade, criará situações onde os alunos irão empregar discursos simulados (onde o falante finge precisar de alguma coisa ou ser outra pessoa). As simulações de situações (que são atividades de repetição de discursos de outros, representações de papéis) são habitualmente empregadas já que se prevê que após o aprendizado de uma língua esta será possivelmente usada em ambiente extra-classe. Nas simulações são reproduzidas situações que poderiam acontecer com o aluno se ele estivesse em contato natural (exposto a situações do cotidiano) com a língua. Durante uma simulação tanto alunos quanto professor não se preocupam com a veracidade do que é dito, mas se um está sendo compreendido pelo outro. O aluno fala para aprender a falar e para que o professor possa verificar como caminha sua aprendizagem, visto que a aprendizagem não se faz em ambiente natural.

---

4. P.: Uma nuance entre claro e brilhante? Sim, eu acho, tem uma diferença. São duas coisas positivas, fazem parte do mesmo grupo, mas tem uma diferença. Você não pode dizer: "O sol é claro", o sol é algo radiante, que libera raios, assim (ela desenha um sol). Ela tem o rosto brilhante, uma tez.... vocês conhecem a expressão "a tez da pele?"la cor do rosto. Ter uma tz....
A .: Olhos brilhantes.
P.: Sim, olhos também.
A .:Brilhantes.
P.: Brilhantes, sim, Mas se você diz que eu brilho, quer dizer que eu tenho a pele oleosa! Vocês estão entendendo? Mas se eu digo que eu tenho uma tez brilhante, tudo bem.

FRANCÊS
LÍNGUA ESTRANGEIRA
Novas demandas, novas respostas

Muitas metodologias sugerem as simulações como atividades de fixação, mas o próprio professor pode imaginar uma possível situação: numa padaria dois personagens (padeiro e cliente) estabelecem um diálogo onde o primeiro explica que o pão ainda não está pronto e o segundo pergunta quanto tempo vai demorar. Nesta situação existem dois personagens (padeiro e cliente) ficcionais (só existem para tornar possível a criação de uma simulação), e dois alunos que vivem a realidade de desejar aprender um idioma. Logo, verificamos que todos os envolvidos no processo de aprendizagem possuem uma espécie de dupla posição, a real e a ficcional. Como não cabe ao professor avaliar se os discursos dos alunos são verdadeiros (mas se eles estão corretos do ponto de vista situacional e pragmático), as narrações ficcionais são outra forma do aluno usar termos ou expressões adquiridas mostrando ao professor, através de uma estória imaginada, que ele é capaz de produzir enunciados em LE pertinentes dentro da situação criada.

É freqüente o uso de questões pelo professor mesmo quando ele já sabe a resposta, o que ele verifica durante o processo de aprendizagem é se o aluno sabe dar a resposta. Muitas vezes a pergunta é feita para ver se ele está acompanhando o raciocínio do professor em direção à resolução de uma dúvida.

Ao se ensinar uma língua estrangeira estamos relacionando regras, descrevendo o emprego, explicando, corrigindo; preenchendo o espaço da sala de aula com uma língua da qual o aluno não faz uso no dia a dia. O professor mostra a ele quais as regras gramaticais e contextuais de uso da língua que lhe é totalmente "étrangère". Como se dá esta interação que é feita totalmente na LE? Com o objetivo de analisar este discurso que ocorre na sala de aula serão analisadas transcrições de aulas de FLE (francês língua estrangeira). Essa transcrições foram retiradas dos *Carnets CEDISCOR* (*Centre de recherches sur la didactique des discours ordinaires*) – *Corpus de transcriptions de Classes*, material recolhido pelos alunos de mestrado sob a orientação de Francine Cicurel. As aulas transcritas foram ministradas por professores de língua francesa para grupos de estrangeiros em ambiente homoglota (a língua estudada é a mesma falada no país em que é aprendida).

Na análise desses discursos realizados em sala de aula faremos uso de uma terminologia que definirá algumas das categorias de fala.

TERMINOLOGIA PROPOSTA PARA O DISCURSO METALINGÜÍSTICO

O ensino/aprendizagem é um processo que se dá de forma bastante complexa. Quando se ensina uma língua estrangeira esta complexidade se torna ainda maior, visto que fala-se a língua para ensiná-la diferentemente das outras disciplinas em que se fala uma dada língua para ensiná-la. Por exemplo posso ensinar a geografia em francês ou em português. Quando ensinamos uma língua temos nela nosso objeto de estudo e ao mesmo tempo nosso instrumento. Através deste pequeno exemplo notamos como é constante o uso da metalinguagem no ensino de uma LE. O aprendizado de uma língua é a apropriação da mesma, daí a importância de falar a língua para aprendê-la.

Segundo Porquier (1984), "a língua é: objeto da descrição, objeto da aprendizagem, objeto do ensino, sistema lingüístico e prática social". A língua é tudo isso quando é ensinada, cumpre vários papéis, fica sob a responsabilidade do professor mostrar que esta atividade metalingüística pode se manifestar de forma diferente de acordo com o caso.

Antes de iniciarmos a análise do corpus cabe explicar como foi feita a divisão dos turnos. Nas transcrições originais temos os turnos de fala numerados de acordo com a ordem e a identificação do falante. Cabe lembrar que nem sempre num turno de fala existe uma única intenção do falante, num mesmo turno podem existir: um pedido, uma resposta, uma explicação; por esse motivo analisaremos dentro de cada turno as possíveis intervenções existentes.

Todo discurso da aula de língua estrangeira é uma atividade metalingüística, a língua será sempre o meio pelo qual é ensinada, mas para Cicurel (1985), esse discurso pode ser dividido em dois tipos: o explicitamente metalingüístico e o não-especializado:

- ✦ Discurso explicitamente metalingüístico: falar a propósito da língua ensinada; explicar o uso, a gramática, a sintaxe. Nem sempre o professor poderá fazer uso dos termos empregados na gramática, pois muitas vezes esses termos nem foram aprendidos na língua materna.
- ✦ Discurso metalingüístico não-especializado: aquele no qual o professor faz uso de termos como: dizer, compreender, repetir.

Para que se faça uma análise das falas que pertencem ao discurso matalingüístico faremos uma classificação de categorias dentro dos dois grupos acima citados (discurso explicitamente metalinguístico e não-especializado).

FRANCÊS
Língua Estrangeira
Novas demandas, novas respostas

DISCURSO EXPLICITAMENTE METALINGUÍSTICO

Neste discurso entram os momentos da aula onde o professor tenta aprofundar o estudo da língua em si (função informativa), é o momento da gramática, do reemprego. Para facilitar a compreensão serão utilizados exemplos tirados das transcrições do *Corpus de travail du CEDISCOR* nos 2 e 3. Podemos enquadrar neste grupo as seguintes categorias:

Discurso ficcional: para que o aluno seja capaz de compreender e reproduzir diálogos, o professor ou a metodologia sugere a criação de situações de empréstimo criadas com o objetivo de colocar o aluno em contato com situações ficcionais de uso da língua. Estas intervenções são introduzidas por: *par exemple, si, imaginez.*

P.: **Si par exemple** Taiko, Taiko a dit l'autre jour, "Je n'ai pas de vêtement", et elle arrive avec une nouvelle chemise "Non, non, ça vient du Japon..." Je dis: "mon oeil! Tu viens de l'acheter par exemple (rires), tu parles! Tu me dis, tu me racontes des mensonges"(rires).[5]

Diretivas: o professor dá orientações sobre a execução de tarefas. São introduzidas por expressões como: *maintenant nous allons; essayer de classer; il faut...*

P.: Inférieur hein, alors il ne faut pas, **il faut** bien distinguer les mots où il y a une voyelle nasale: les mots comme INFÉRIEUR où je prononce, c'est une voyelle....[6]

Explicações e comentários metalingüísticos: entra em questão o uso dos vocábulos ou expressões em contexto gramatical e/ou situacional. São introduzidos pelas expressões: *ça veut dire; c'est familier; c'est oral.*

P.: Non. Et dehors, le soleil n'est pas éclatant, hein, le ciel est éclatant, a une lumière éclatante, une allure éclatante, **ça veut dire** qu'elle brille un peu cette fille, elle est très dynamique, énergique.[7]

Apreciação: quando o professor através de um comentário positivo ou negativo expressa sua opinião sobre o uso da língua feito pelo aluno.

---

5. P.: **Se por exemplo** Taiko, Taiko disse outro dia, "Eu não tenho roupa", e ela chega com uma camisa nova "Não, não, isto vem do Japão..." Eu digo: " Não acredito! Você acabou de comprar por exemplo (risos), você está brincando! Você está me contando mentiras"(risos)

6. P.: Inferior hein, então não é necessário, **é preciso** distinguir as palavras onde há uma vogal nasal: as palavras como INFERIOR onde eu pronuncio, é uma vogal...

7. P.: Não. Do lado de fora, o sol não é brilhante, hein, o céu é brilhante tem uma luz brilhante, um aspecto brilhante, **quer dizer** que ela brilha um pouco esta moça, ela é muito dinâmica, enérgica.

O Contexto Lingüístico em Sala de Aula de Língua Estrangeira

P.: C'est très très très correct hein/ [8] - apreciação positiva

P.: Non, c'est à laquelle hein, à laquelle [9] - apreciação negativa

Solicitação: pode ser feita pelo aluno ou pelo professor. A solicitação pode ser de cunho gramatical, semântico ou pragmático.

P.: Mais pourquoi on ne peut pas mettre à qui?

E.: Parce que c'est pour des personnes.[10]

Será analisado agora o grupo das categorias pertencentes ao discurso metalingüístico não-especializado.

DISCURSO NÃO-ESPECIALIZADO

Referência ao suporte: quando o professor faz referência ao tipo de material a ser consultado pelo aluno.

P.: Oui/ / Bon alors maintenant on va prendre **à la page 45**/[11]

CONCLUSÃO

Partindo-se desta observação inicial das categorias, percebe-se que não se encerra nessa grade a possibilidade da existência de outras intervenções. O córpus não foi totalmente explorado, e neste estudo foi dada ênfase à análise das falas do professor deixando-se para um próximo trabalho as falas dos alunos.

A interação é feita por ambas as partes. Para uma questão do professor é esperada

---

8. P.: Está muito muito muito correto hein

9. P.: Não, é cuja hein, cuja.

10. P.: **Mas por que não se pode colocar a quem?**
    A .: Porque é para pessoas.
    P.: O "qui" quando é precedido de a ou de pour substitui somente pessoas.

11. P.: Sim// Bom então agora vamos ver **a página 45**/

FRANCÊS
LÍNGUA ESTRANGEIRA
Novas demandas, novas respostas

a resposta do aluno, de preferência uma resposta completa que corresponda às expectativas pedagógicas do professor. Por exemplo:

P.: Tu fais ça, pardon, tu as fait ça quand tu étais petite, non?

E.: J'ai oublié.

P.: Tu es vieille?

E.: Non, j'ai oublié.[12]

Neste exemplo o professor insiste na pergunta para obter uma resposta do aluno. Aquele não satisfeito com a resposta *J'ai oublié* muda seu discurso para um tom irônico *Tu es vieille?* A intenção do professor não é, a princípio, saber a idade da aluna, mas fazer com que ela entenda que o que se espera dela é uma resposta mais preenchida de língua estrangeira. É através das respostas dos alunos que o professor avalia a seqüência do aprendizado.

Na conversa pedagógica existem lacunas entre a "língua ensinada e a língua aprendida" (PORQUIER, 1984). Essas lacunas muitas vezes são preenchidas pelo professor.

E.: Ah!..... chevènement il se.....

P.: Chevènement, oui, il....se....

E.: ....se dispute...

P.: il s'est disputé...

E.: avec Mitterrand...

P.: Avec Mitterrand. Et qu'est-ce qu'il a fait?

E.: Démissionné...

P.: Il a démissionné....! c'est vrai.[13]

---

12. P.: Você faz isso, desculpa, você fez isso quando era pequen, não?
A .: Eu esqueci.
P.: Você está velha?
A .: Não, eu esqueci.

13. A .: "Chevènement" ele ...
P: "Chevènement" , sim ele...
A .: ... briga...
P: ele brigou..
A .: com Mitterrand..
P: Com Mitterrand. E o que ele fez?
A .: Demitida....
P.: Ele demitiu...! É verdade.

43

É através dessas lacunas que o professor cria as possibilidades de preenchimento com atividades envolvendo determinado ponto gramatical, estrutura frasal etc.

As atividades metalingüísticas que fazem uso do discurso ficcional são para o professor a forma encontrada de buscar situações para o uso da língua. Neste tipo de situação o aluno se vê diante de um discurso no qual ele ocupa dois papéis: "o de aluno e o de personagem (jeux de rôles)" (ROCHA, 1996). Ele vivencia situações imaginárias que poderiam acontecer com ele, caso ele se encontrasse numa situação real de fala num ambiente externo à sala de aula, onde tivesse a necessidade de usar a língua estrangeira.

Muitas vezes a conversação pedagógica parece fugir um pouco do previsto pelo professor e pelos alunos. O professor introduz temas, apreciações que não fazem parte do método ou do que é estipulado pelo curso.

E.: Ballets

P.: en des ballets/ des ballets sur neige/ **ça doit être joli ça/ vous en avez vu déjà?** Vous avez vu ça? **Vous avez FAIT ça?**[14]

Não cabe aqui determinar exatamente a intenção do professor, mas o que se percebe no trecho acima é seu desejo em fazer com que os alunos expressem o gosto por esse esporte, neste caso o esqui na neve. O professor se esforça para fazer de seu discurso – e do discurso dos alunos – uma conversa. Segundo Bigot (1996), a conversa seria definida com "trocas sob tom familiar". Apesar de não ser tão familiar assim, pois trata-se de um discurso com objetivos estabelecidos, que ocorre num ambiente limitado (sala de aula), um dos objetivos do professor é o de mostrar que a língua é uma prática social e deve ser sabida ao ponto de ser usada em conversas que discutam não só o uso da língua, mas a apreciação de gostos, de pontos de vista, assuntos diversos.

Encarar a língua estrangeira como possuidora de muitas funções (além da sua principal, que seria a de comunicar) é uma tarefa difícil para o professor e principalmente para o aluno que se sente inseguro por tratar-se de uma língua não-materna. Através da

---

14. A .: Ballet
P.: ballets/ ballets sobre a neve/ **isto deve ser bonito/ Você já viu isso?** Você já viu? **Você já FEZ isso?**

análise de transcrições de aulas de LE talvez nos seja possível compreender a tamanha complexidade da língua, de entendê-la e ensiná-la. Até durante uma aula transcrita o professor ilustra a dificuldade de se aprender uma língua quando ainda não se possui um conteúdo referencial e até ele, apesar de seu conhecimento, tem dificuldades em explicar certos usos da língua..

> P.: Là, c'est une image pour une personne, ou pas seulement les couleurs et les vêtements, mais ça peut s'utiliser aussi. Comme on peut dire d'une couleur qu'elle est triste, alors que ça s'applique souvent aux gens. **Vous êtes en train de toucher aux choses plus difficiles de la langue française, des mots qui veulent tous dire la même chose**, mais là, on utilise ça pour les gens, ça , peut-être pas pour les gens, mais aussi pour les personnes, ça dépend. **C'est difficile, ça.**[15]

Prof.ª Ms. Renata Braz Amaro

Renata Braz Amaro formou-se em Letras: Português/Francês em 08 de Janeiro de 1996 pela Universidade Federal do Rio de Janeiro (UFRJ) e titulou-se Mestre em Letras na Universidade Federal Fluminense (UFF) em 27 de Novembro de 2000. Sua área de pesquisa é Lingüística Aplicada ao Ensino/Aprendizagem de Francês como Língua Estrangeira. Trabalha atualmente na FAETEC (Fundação de Apoio à Escola Técnica), instituição administrada pela Secretaria de Ciência e Tecnologia do Estado do Rio de Janeiro, que oferece gratuitamente curso de formação básica em Língua Francesa, assim como em outros idiomas, para alunos da comunidade.

---

15. P.: Isto é uma imagem, para uma pessoa, não só para cores e roupas, mas também pode se usar assim. O que se diz de uma cor triste, quando isto também se aplica às pessoas. **Vocês estão alcançando as coisas mais difíceis da língua francesa, palavras que querem dizer a mesma coisa**, mas aí, utiliza-se isto para pessoas, não para gente, mas para pessoas, depende. **Isto é difícil**.

BIBLIOGRAFIA

- BIGOT, Violaine. (1996) "Converser en classe de langue: Mythe ou réalité?" in *Les carnets du CEDISCOR 4*. Paris, Presses de la Sorbonne Nouvelle.

- CICUREL, Francine. (1985) *Paroles sur paroles ou le métalangage en classe de langue.* Paris, Clé International.

- DABÈNE, L. (1984) "Por une taxonomie des opérations métacommunicatives en classe de langue étrangère" *Études de linguistique appliquée* n$^{\circ}$ 30.

- PORQUIER, Rémy. (1984) "Réseaux discursifs et énonciatifs dans l'enseignement/ apprentissage des langues" *LINX*, n$^{\circ}$ 11.

- ROCHA, Décio. (1986) "La fiction dans le cadre de l'interaction didactique: une lecture du théâtre de Ionesco" in *Les carnets du CEDISCOR 4*. Paris, Presses de la Sorbonne Nouvelle.

L'élaboration de matériels didactiques aujourd'hui -

DES MANUELS AUX ENSEMBLES PÉDAGOGIQUES, DES SUPPORTS PAPIER AUX SUPPORTS ÉLECTRONIQUES...

Annie Coutelle
coutelle@ciep.fr
Centre International d'Etudes Pédagogiques

uelle serait l'évolution pour l'édition de produits Français/langue étrangère dans un marché mondialisé? Plusieurs réflexions s'imposent autour de l'élaboration de matériels didactiques.

1. le domaine: nous sommes dans le domaine de l'apprendre. Il s'agit du scolaire pour les jeunes et de la formation continue pour les adultes. Une pédagogie moderne doit aujourd'hui utiliser les ressources du multimédia, qui offrent des moyens supplémentaires de réussite dans l'éducation.

2. les auteurs - producteurs: qui sont-ils ? des professionnels de l'édition - des professionnels du "multimédia"- des personnes qui produisent des contenus (professeurs? autres?)

3. les supports : papier, audio, vidéo, numérique

L'élaboration de matériels didactiques aujourd'hui -
DES MANUELS AUX ENSEMBLES PÉDAGOGIQUES, DES
SUPPORTS PAPIER AUX SUPPORTS ÉLECTRONIQUES...

Le salon du livre, à Paris, en mars 2000 a montré que l'édition virtuelle existe "le livre entre dans l'âge du virtuel", tel est le titre d'un article paru dans *Le Monde des livres* du 3 mars 2000 .

Dans ce même numéro, un article d'Olivier Nora "le contenu d'abord" dont je voudrais vous présenter un extrait:

"C'est une incitation forte à nous recentrer sur le coeur du métier éditorial. Partout où nous cédons à la tentation de ne devenir que des prestataires de fabrication et de distribution, nous serons rattrapés par les nouvelles technologies. Il nous faut être plus éditeurs en amont et plus promoteurs en aval. Au fond les deux pôles que ces nouvelles technologies ne couvrent pas, c'est la matière grise et la partie publi-promotionnelle qui sert à faire connaître l'existence des objets.(...) A terme, nous devons vivre comme les détenteurs d'une richesse qui a vocation à être déclinée sur tous les supports dont le livre. Mais ce dernier reste, à mes yeux, jusqu'à ce jour et pour de longues années encore, l'objet le plus interactif."

Dans un article du *Monde de l'éducation* de septembre 1999, " le manuel scolaire au banc d'essai", il est rapporté le résultat d'une enquête de la Sofres[1] datant de mai 98 :

♦ les élèves réclament un manuel et les enseignants reconnaissent le rôle 'structurant 'du manuel qui arrive en tête des pratiques pédagogiques.

♦ 88% des enseignants de collège estiment utiles les manuels scolaires comme supports complémentaires à leur cours pour les exercices et apprentissages de leurs leçons.

Les enseignants trouvent leurs manuels beaux, utiles mais insuffisants. Ils avouent ne pas pouvoir se passer du stock de documents et d'exercices qu'ils proposent mais estiment plus valorisant de recréer leur propre outil.

En France, on estime à plus de 3 milliards, le nombre de photocopies circulant dans les établissements français, chaque année (soit plus de 2 fois le budget affecté à la gratuité des manuels au collège).

LES MATÉRIELS DIDACTIQUES AUJOURD'HUI

Une première remarque concerne la dénomination : on parle aujourd'hui d'ensemble pédagogique, intégré.

---

1. Sofres: Instituto de Pesquisa.

FRANCÊS
LÍNGUA ESTRANGEIRA
Novas demandas, novas respostas

Je prendrais pour exemple la publicité faite autour de la nouvelle méthode "Reflets":

"Autour d'une démarche d'apprentissage active, Reflets intègre parfaitement les apports de l'écrit , de la vidéo et de l'audio grace à des documents conçus et réalisés spécifiquement pour s'intégrer à la triple progression culturelle, grammaticale et communicative de la méthode."

En ce qui concerne plus particulièrement l'édition scolaire dans le domaine des langues vivantes , le courant méthodologique qui a consisté à préconiser l'utilisation des documents authentiques dans la classe de langue - la mort du manuel annoncée dans les années 70 - en FLE, la disparition des méthodes universelles. Tout cela n'a pas eu lieu.

Par contre , la libéralisation des marchés et la concurrence mondiale ont provoqué une inflation des publications avec un renouvellement des méthodes tous les 5 à 3 ans au lieu de 10 ans jusque dans les années 80.

Dans ce domaine , l'année clef a été 1991, une méthode (de 3 niveaux complets) a été publiée en une année.

Un "challenge" qui a été repris par beaucoup d'éditeurs .

LE PAYSAGE FRANÇAIS

J'ai envie de dire que tout a changé dans cette dernière décennie, avec la disparition du CREDIF - Centre de recherches et d'études pour la diffusion du français, de l'Ecole normale supérieure de Saint Cloud. Cet organisme de recherche et de formation avait une tradition de publication avec les éditions Didier:Voix Images de France/ De Vive Voix / Archipel et une collection de référence LAL.

L'intégration du BELC - Bureau pour l'enseignement de la langue et la civilisation française- au sein du CIEP de Sèvres (Centre International d'Etudes Pédagogiques) a diminué sa visibilité. Une tradition de publication liait le BELC à Hachette: Mauger , La France en direct, des ouvrages de civilisation, la Méthode Orange et une revue Le français dans le monde. Larousse et CLE étaient indépendants.

Les restructurations liées à la mondialisation ont profondémment transformé le paysage. Le marché s'est ouvert aussi aux groupes européens et mondiaux.

La question que l'on est amené à se poser est celle de la valeur scientifique des produits; en effet, nous n'avons plus la garantie de qualité des publications accordée d'entrée à ces centres. La responsabilité des éditeurs s'en trouve augmentée.

L'élaboration de matériels didactiques aujourd'hui -
DES MANUELS AUX ENSEMBLES PÉDAGOGIQUES, DES
SUPPORTS PAPIER AUX SUPPORTS ÉLECTRONIQUES...

Les restructurations liées à la mondialisation ont profondémment transformé le paysage [d'élaboration de matériels didactiques]. Le marché s'est ouvert aussi aux groupes européens et mondiaux.
La question que l'on est amené à se poser est celle de la valeur scientifique des produits; en effet, nous n'avons plus la garantie de qualité des publications accordée d'entrée à ces centres. La responsabilité des éditeurs s'en trouve augmentée.

Une autre conséquence de cette situation est le besoin d'utilisateurs critiques et de consommateurs avertis , en un mot de professeurs formés.

LES ENSEMBLES PÉDAGOGIQUES

Aujourd'hui, le livre n'est plus le seul "lieu-ressource". Internet intervient dans le domaine des données, des informations . Un lecteur n'accepte plus des informations ou des données chiffrées qui datent.

Il faut savoir aussi que 48 à 52% du coût d'un ouvrage est consacré à la distribution. Ceci est une donnée qui aura une influence non négligeable sur la conception des produits.

Nous constatons que tous les ensembles pédagogiques sont constitués:

+ d'un manuel (qui couvre de 150 à 80 heures);
+ de cassettes audio;
+ d'une vidéo;

— 50 —

FRANCÊS
LÍNGUA ESTRANGEIRA
Novas demandas, novas respostas

- d'un Cdrom (destiné au travail individuel);
- d'un cahier d'exercices;
- des exercices auto-correctifs et des activités sont proposés sur Internet.

Nous pensons que les ensembles pédagogiques vont connaître une évolution , liée en partie aussi au fait que nous sommes passés d'une logique de l'offre "auteur- éditeur"à une logique de la demande "éditeur- auteur"pour satisfaire aux changements de programmes ou à la mise en oeuvre d'un nouvel enseignement.

Les méthodes visent déjà un nombre d'heures réduit; les méthodes pour débutants proposeront 2 niveaux; les consignes sont conçues aussi bien pour le professeur que pour l'élève; elles sont et seront de plus en plus une mise en place des interactivités dans la classe et tout ira dans le sens du développement de l'autonomie de l'apprenant ...

Le professeur sera celui qui anime et assure le transfert des connaissances.

Mais tout ceci ne constitue que des hypothèses.

Nous développerons plus longuement ce sujet mais le temps de parole étant épuisé, je signalerais en conclusion que le Conseil de l'Europe a publié un "guide à l'usage des auteurs de manuels et de matériel pédagogique" Hopkins, Strasbourg, 1996.

Ce guide constitue en Europe une aide précieuse à l'élaboration de matériel.

Profª Annie Coutelle

Annie Coutelle a commencé à travailler dans le domaine du FLE dans les années 70. Après une maîtrise de lettres modernes, elle s'est orientée vers la linguistique . Tout en travaillant dans l'enseignement du FLE, à l'université de Grenoble III, un programme d'échanges entre professeur lui a permis de préparer son doctorat de 3e cycle en linguistique et didactique des langues sur "Recherches théoriques et appliquées en didactique des langues et dans l'enseignement du français aux Etats-Unis ; Evolution et Perspectives", thèse dirigée par Michel Dabène. Pendant 10 années de 1989 à 1999, responsable de projets dans une maison d'édition, elle a assuré la publication d'ouvrages destinés à l'apprentissage des langues étrangères. De 1999 à 2003, elle occupe le poste d'attaché de coopération pour le français à São Paulo, au Brésil. Cette fonction l' a amenée à développer des projets de coopération dans le domaine de l' éducation. Au cours de ce mandat, le Ministère des Affaires Etrangères l' a chargée d' adapter une méthode de FLE , pour les télévisions d' Amérique Latine : 24 émissions de la méthode Reflets , en version espagnole et portugaise ont été produites à Sao Paulo. Depuis février 2003, elle est chargée de programmes au CIEP (Centre International d' Etudes Pédagogiques) de Sèvres.

Une expérience novatrice à la PUC/SP -

APPROCHES MÉTHODOLOGIQUES VERS L'AUTONOMIE DE L'APPRENNANT

Alexandra Fogli Serpa Geraldini
ageraldini@uol.com.br
Ana Clotilde Thomé-Williams
anatwilliams@gmail.com
Heloisa Brito de Albuquerque Costa
heloisacosta@uol.com.br
Pontifícia Universidade Católica de São Paulo

Tout d'abord il faut faire quelques précisions sur l'origine et le trajet historique de ces réflexions dans le cadre de nos recherches à la PUC/SP au Département de Français. Il s'agit d'un projet de recherche visant la formation linguistique de professeurs et de chercheurs qui ont l'intention d'étudier en France ou dans des pays francophones.

En 1995 nous avions une hypothèse de travail qui a motivé nos premières réflexions. Il s'agissait de l'existence d'une demande de professeurs et de chercheurs qui tout en ayant des projets pour étudier en France ou dans des pays francophones n'avaient pas de connaissances de français. Ceci du point de vue général, c'est-à-dire , ils ne savaient ni parler ni écrire en français. Leur connaissance se situait au niveau de la compréhension écrite puisqu'ils avaient suivi des cours de lecture, à savoir de français instrumental. Préparant des projets individuels de recherche ils voulaient, avant de partir, développer des compétences orales et écrites visant leur insertion soit en milieu académique soit dans les différentes situations de la vie quotidienne.

Il nous a fallu à l'époque définir les étapes pour développer nos recherches. Nos premiers objectifs concernaient l'étude de la terminologie qui désignait l'enseignement sur objectifs spécifiques à partir des publications théoriques sur le thème:[1] la connaissance précise du public qui s'intéresserait à suivre ce type de cours et la mise au point d'une proposition de cours qui pourrait répondre aux besoins de ces élèves potentiels.

En ce qui concerne la recherche théorique, nous avons pu constater que plusieurs ouvrages concernant l'enseignement du français sur objectifs spécifiques avaient été publiés. Au long des années plusieurs références ont été faites à ce type particulier d'enseignement. Depuis les années 60 on entend parler de l'enseignement du français dans les rubriques suivantes: français scientifique et technique; langue de spécialité; français instrumental; français fonctionnel; enseignement sur objectifs spécifiques; publics spécialisés. Toutes ces terminologies se rapportent à des moments de recherche particuliers, à des conceptions d'enseignement/apprentissage et à des contextes nationaux bien précis.

C'est Denis LEHMANN dans le livre **Objectifs spécifiques en langue étrangère** qui reprend ces différentes dénominations tout en précisant leur emploi historique selon l'évolution de l'enseignement et aux méthodologies spécifiques à chaque terme.

A la PUC nos travaux de recherche dans ce domaine visent à proposer une méthodologie qui puisse répondre à des objectifs très bien définis concernant le développement des compétences linguistiques en expression et compéhension orales et en expresion et compréhension écrites.

Les références historiques de l'usage d'un terme ou de l'autre nous situent par rapport aux contextes dans lequels elles ont été utilisées. Notre défi, c'est de concevoir une proposition de travail qui réponde effectivement aux besoins de nos élèves. Ainsi nous ne sommes pas trop préoccupées avec la terminologie utilisée puisqu'il s' agit basiquement d'une question contextuelle et chronologique à la fois. C'est plutôt notre conception d'enseignement/apprentissage d'une langue étrangère qui constitue le point principal de notre réfléxion.

---

1. LEHMANN, D. **Objectifs spécifiques en langue étrangère** , Hachette, Paris, 1990, page 41.

FRANCÊS
LÍNGUA ESTRANGEIRA
Novas demandas, novas respostas

*Les données obtenues ont confirmé nos hypothèses:
il y avait, effectivement, des étudiants qui
envisageaient des études en France, en général,
ou, dans d'autres cas, dans des pays francophones,
leur intérêt étant d'avoir à la PUC la possibilité
de commencer avant leur départ une formation dirigée
vers leurs objectifs d'intégrer la vie quotidienne
et académique d'un pays où l'on parle le français.*

Selon Simone EURIN et Martine HENAO DE LEGGE dans le livre **Pratiques du Français Scientifique**[2], les termes *Français sur Objectifs Spécifiques et Français pour une Communication Spécialisée* designent des programmes linguistiques ayant pour objectif l'aquisition de la langue à travers une communication liée à une activité professionnelle spécifique ou à des besoins clairement identifiés.

C'est justement la demande croissante pour l'apprentissage du français dans des contextes professionnels et académiques qui a défini la conception de notre programme de cours à la PUC. Et c'est à partir des travaux de Simone EURIN, Chantal PARPETTE [3], Martine HENAO DE LEGGE et Gisèle KAHN[4] que nous avons pu avancer théoriquement sur notre propostion d'enseignement du français sur objectifs spécifiques à partir de trois axes complémentaires.

Selon ces Professeurs chercheurs la langue de communication specialisée comprend deux axes principaux:

1. Il y a une langue de communication présente dans les différentes situations de la vie cotidienne du milieu professionnel, situations qu'on appelle situations transversales à plusieurs professions.

---

2. EURIN,S.e HENAO DE LEGGE, M. **Pratiques du Français Scientifique**, Hachette/AUPELF, Paris, 1992.
3. PARPETTE, C. **Discours de Spécialité en FLE: diversité des approches** — Actes du Séminaire organisé à Lyon le 12 juin 1993.
4. KHAN, G. (org.) — **Le Français dans le monde** — **Des Pratiques de l'écrit** — février/mars 1993, ÉDICEF, Paris.

Une expérience novatrice à la PUC/SP -
APPROCHES MÉTHODOLOGIQUES VERS L'AUTONOMIE DE L'APPRENNANT

2. Il y a une autre qu'on appelle langue spécifique de communication, propre à chaque milieu professionnel.

Alors, pour nous l'organisation d'un programme FOS comprend donc soit des objectifs linguistiques par rapport à la communication en général soit ceux présents de façon spécifique dans les contextes professionnels et académiques traités.

En ce qui concerne la définition des actes de parole des situations transversales, nous partons des références présentes dans les méthodes FLE ainsi que de celles choisies par des institutions qui enseignent le français et qui ont élaboré leurs propres programmes. Il n'y a pas pour l'instant de matériel spécifique et elaboré par les maisons d'édition dans ce domaine.

Simone EURIN et Martine HENAO arrivent à affirmer que le professeur de ce type de cours doit être considéré comme *professeur-chercheur*, dans la mesure où tout le matériel conçu doit être préparé à partir de la référence du groupe d'apprenants.

Par rapport aux documents spécifiques du domaine de la communication spécialisée les activités orales et écrites sont choisies à partir des besoins préalablement définis (par exemple s'il s'agit d'un contexte académique) et à partir des besoins signalés par le groupe tout au début du cours. Ceci dit le "diagnostic" du public-cible est fondamental pour déterminer quelques objectifs et en confirmer ceux qui avaient déjà été prévus.

La méthodologie situe l'élève au centre de son apprentissage et les activités d'expression et compréhension orale et écrite sont préparées pour atteindre ce but tout en assurant progressivement son autonomie.

Pendant le processus de développement de nos travaux, nous nous sommes beaucoup préoccupées avec le "diagnostic" du public, étant donné l'objectif de bien définir notre demande potentielle pour bien cibler nos objectifs concernant le contenu linguistique requis par le contexte académique. Nous avons dû faire des ênquetes auprès des élèves du cours de Pós-Graduação de la PUC/SP et ceux des autres universités à travers des questionnaires appliqués sur place ou par internet.

Les données obtenues ont confirmé nos hypothèses: il y avait, effectivement, des étudiants qui envisageaient des études en France, en général, ou, dans d'autres cas, dans des pays francophones. Leur intérêt étant d'avoir à la PUC la possibilité de commencer avant leur départ une formation dirigée vers leurs objectifs d'intégrer la vie quotidienne et académique d'un pays où l'on parle le français.

FRANCÊS
Língua Estrangeira
Novas demandas, novas respostas

Ainsi, nos recherches nous ont mené à définir une proposition de cours sur objectifs spécifiques définis à partir de trois axes complémentaires et intégrés, à savoir, linguistique, culturel et académique permettant à tous les intéressés de développer les compétences linguistiques et culturelles nécessaires à l'adaptation dans le pays choisi ainsi que des conditions assurant la bonne poursuite de leurs études à l'Université ayant comme but principal le développement de leurs projets individuels de recherche.

Actuellement, le projet est dans un stage intermédiaire, où l'évaluation du premier module a déjà été faite, ce qui signifie que le cours basique présenté en ce moment intègre les changements réalisés par l'équipe. Il nous faut encore conclure la conception du deuxième module ainsi que son évaluation et postérieur recyclage pour considérer la mise en place du projet comme conclue.

Profª Drª Alexandra Fogli Serpa Geraldini

Alexandra Fogli Serpa Geraldini é Doutora e Mestre em Lingüística Aplicada pelo Programa de Estudos Pós-graduados em Lingüística Aplicada e Estudos da Linguagem da PUC-SP. Atua como professora e pesquisadora no Departamento de Francês da mesma instituição. Suas principais áreas de interesse são o ensino de língua francesa para objetivos específicos (FOS), o ensino e a aprendizagem de línguas nos contextos presencial e digital e a formação de professores, com foco no contexto digital de ensino. Atualmente é Diretora da Faculdade de Comunicação e Filosofia da PUC-SP.

Profª Drª Ana Clotilde Thomé-Williams

Profª Drª Ana Clotilde Thomé-Williams é doutora em Lingüística pela Universidade de São Paulo. Suas áreas de pesquisa se concentram no ensino e aprendizagem do francês e do português como língua estrangeira, análise do discurso intercultural e uso de tecnologia em sala de aula. Atualmente, ela é Coordenadora do Curso de Língua Portuguesa da Universidade de Illinois em Urbana-Champaign, nos Estados Unidos. De 1995 a 2000, trabalhou como professora do Departamento de Francês da PUC-SP, atuando nas áreas de ensino de língua, pesquisa e extensão. Durante seus anos na PUC, desenvolveu um projeto com suas colegas de Departamento sobre o qual versa o artigo publicado neste livro.

Profª Drª Heloísa Brito de Albuquerque Costa

Formação em Letras Francês pela Universidade de São Paulo. Mestrado e Doutorado em Língua e Literatura Francesa pela USP. Professora do Departamento de Francês da PUC/SP desde 1994, Coordenadora do Curso de Letras Francês de 1995 a julho de 2001, Chefe de Departamento de 2001 a 2005 e atualmente Coordenadora do Curso de Letras-Francês. Coordenadora dos Cursos "Aprenda Francês para estudar na França" e "Francês na rede: jurídico-comercial". É membro do Grupo de Pesquisa TEED: Tecnologias e Ensino a Distância" da Faculdade de Comunicação e Filosofia da PUC/SP. Pesquisa nas áreas de Ensino de línguas estrangeiras para fins específicos, Ensino de Línguas a distância, Ensino e aprendizagem do francês como língua estrangeira e Literaturas de Expressão Francesa.

BIBLIOGRAFIA

- BEACCO, J-C & LEHMANN, D. (org.).. Publics spécifiques et communication spécialisée, Hachette, Paris, 1990.

- FAYOL, M. *La compréhension lors de la lecture: un bilan provisoire et quelques questions*, cap. 5, in La Lecture processus, apprentissage, troubles, Presses universitaires de Lille, 1992.

- EURIN,S. & HENAO DE LEGGE, M. Pratiques du Français Scientifique, Hachette/AUPELF, Paris, 1992.

- KHAN, G. (org.) – *Le Français dans le monde* – Des Pratiques de l'écrit – février/mars 1993, EDICEF, Paris.

- LEHMANN, D. Objectifs spécifiques en langue étrangère, Hachette, Paris, 1990.

- MOIRAND, S *Décrire des discours produits dans des situations professionnelles* in Publics spécifiques et communication spécialisée coordonné par Jean-Claude BEACCO et Denis LEHMANN, Hachette, Paris, 1990.

- PARPETTE, C. Discours de Spécialité en FLE: diversité des approches – Actes du Séminaire organisé à Lyon le 12 juin 1993.

- PEYTARD, J. et MOIRAND, S. L'univers de la commmunication scientifique in Discours et enseignement du français, Hachette, Paris, 1992.

- PIETRARÓIA, C.M.C. Percursos de Leitura-Léxico e Construção do Sentido na Leitura em Língua Estrangeira, Col. Parcours, Ed. Anablume, São Paulo, 1997.

- POULET, M.E.M. Comprendre les langues voisines in *Etudes de Lingüistique Appliquée*, nº 104, Didier Erudition, Paris, 1996.

FRANCÊS
LÍNGUA ESTRANGEIRA
Novas demandas, novas respostas

Laissez-moi surfer et j'apprendrai à lire en français

Profª Drª Jelssa Ciardi Avolio
ciardije@pucsp.br
Pontifícia Universidade Católica de São Paulo

"Sans utopie, où trouverions-nous l'énergie suffisante pour exercer le métier d'éducateur? Comment pourrions-nous croire qu'il est possible de changer les êtres dans ce qu'ils ont de plus personnel: leur représentation du monde à travers leur comportement? L'utopie, c'est aussi l'action engagée. Il faut être conscient que nous aurons la didactique de nos mérites. L'attitude la plus didacticide aujourd'hui serait de laisser aller les choses, de croire que d'autres construiront pour nous une discipline qui ne saurait que leur faire de l'ombre."
(Galisson, 1990)

I. INTRODUCTION

La demande de cours de Français Instrumental à la PUC/SP des années 80 s'est accrue au long des dernières années. Etant donné qu'une grande partie des étudiants inscrits sont des gens qui habitent hors de São Paulo, le Département de Français de la *Pontifícia Universidade Católica de São Paulo*, à travers la COGEAE *Coordenadoria Geral de Aperfeiçoamento, Especialização e Extensão*, a

Laissez-moi surfer et j'apprendrai à lire en français

commencé à offrir ce type de cours à distance, à travers un réseau télématique, la BBS PUC/Cogeae, à partir du premier semestre de 1996.

Depuis 1997 ce même cours est offert sur Internet.

Cet article se propose de présenter des considérations concernant la motivation et le plaisir des étudiants à naviguer sur Internet, tout en réalisant un cours de lecture en français à distance. On s'arrêtera particulièrement sur les messages du forum – extraits des deux groupes d'étudiants inscrits au deuxième semestre de 1999 – qui témoignent de cette attitude même s'il s'agit des débutants complets en français au début du cours.

Je commence en faisant une petite remarque: je voudrais souligner que je ne suis pas informaticienne. Je ne suis qu'un professeur universitaire de français à la recherche d'outils qui facilitent mon travail, obligée de me servir d'instruments qui m'aident à optimiser toutes mes activités.

Cette recherche se situe entre les deux bornes d'illusion mentionnés par Portine, 1989: celle de l'illusion technologique, selon laquelle la technologie résout tous les problèmes, et celle du fantasme du refus technologique ou de la résistance à la technologie. Cela rejoint l'affirmation de Lévy, cité par Mangenot, 1994, quand il dit qu'il est nécessaire de déplacer l'emphase dans l'objet (l'ordinateur, le logiciel, etc) vers le projet (l'ambience cognitive, les processus d'interaction, le réseau de rapports humains qui est mis en place, etc).

Autrement dit, entre *l'informatophobie* et *l'informatolâtrie*, selon les mots de Cortella (1996).

Le recueil du premier module expérimental mis en place sur BBS en 1996 a entraîné tout un dossier de 450 messages envoyés au long du semestre par tous les gens concernés (étudiants, professeur et équipe technique).

Au deuxième semestre de 1999 le même dispositif a été mis en place sur Internet avec deux groupes d'environ 35 étudiants chacun, issus de toutes les régions du Brésil. Le dossier des interactions des participants a atteint environ 800 messages dans un groupe et 1800 (mille huit-cents!!!) pour l'autre.

A. JUSTIFICATIONS

Les cours de Français Instrumental de la PUC/SP offerts à niveau de *extensão univer-*

sitária il y a plus de dix ans continuent à attirer un public de plus en plus nombreux. Au long de tout ce temps, ayant constaté que la plupart de ces intéressés sont des étudiants préparant un DEA[1] ou un doctorat de différentes universités non seulement de la ville de São Paulo et sa banlieue, mais également d'autres régions de l'Etat et même d'autres états du Brésil, nous avons décidé de développer une recherche afin d'offrir ce type de cours par l'intermédiaire d'un réseau télématique, créant ainsi la possibilité de mettre en place une formation en lecture en français/langue étrangère à distance. Dans un pays de dimensions géographiques telles que le nôtre, le développement de recherches considérant l'enseignement à distance se revêt d'une importance capitale.

Même si Balmet & De Legge, 1992, affirment *que l'approche instrumental s'est développée dans des pays où l'on peut avantageusement jouer sur la transparence des langues (espagnol, portugais)*, et même si Lehmann, 1993, classe le Français Instrumental au rang des *disparités méthodologiques* et des *fortunes méthodologiques incertaines*[2], les chiffres du graphique qui suit attestent le besoin des étudiants associé à la qualité de ces cours, sans quoi ils n'auraient pas survécu au long de plus de dix ans.

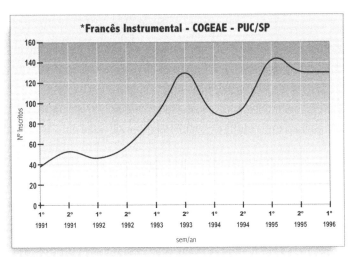

* Ver versão atualizada deste gráfico ao final do artigo.

---

1. DEA: Dipplôme d'études approfondies, correspondant à peu près au *mestrado* brésilien.
2. Monsieur Lehmann affirme encore: *sous le drapeau du fr fonctionnel se côtoient bientôt l'enssentiel des chantiers d'enseignement aux publics spécifiques, que s'y soit ou non manifesté un souci de rénovation; notamment, à côté des langues de spécialité re-baptisées aux fins de survie, des pratiques archaïques antérieures à l'audio-oral, à l'audio-visuel et au structuro-globalisme, à qui l'excommunication de ces derniers aussi bien que l'attention portée de nouveau au texte écrit fournissaient l'occasion inespérée d'un puissant retour en force. De ces fortunes méthodologiques incertaines, le "Français Instrumental" qui se développe en Am.Lat., livre sans doute l'exemple le plus significatif; choix tactique visant à mettre l'enseignement des langues étrangères au service du développement scientifique et technologique beaucoup plus qu'option méthodologique affirmée.*

Laissez moi surfer et j'apprendrai à lire en français

Avant de réfléchir sur les éléments concrets dans le processus de création d'un cours tel que celui-là, comme par exemple ses objectifs, son contenu et sa méthodologie, il faut considérer que le fait de l'apprenti disposer devant soi un moniteur, soit un téléviseur avec réception d'images par satellite, soit l'écran affichant des données d'un ordinateur transmises par câble, cela n'a aucune valeur si ni le professeur ni l'étudiant n'ont reçu une formation adéqüate à propos de comment procéder devant le matériel qui leur sera transmis à distance. L'investissement technologique dépensé pour l'acquisition de ce type de matériel n'aura donc aucune valeur. En conséquence, on assistera à d'autres cas d'échec et de gaspillage, tellement fréquents dans notre pays.

Nous partageons l'avis de deux professeurs de la Faculté d'Education de l'Université de São Paulo, Madame Krasilchik et Monsieur Barufi, paru dans l'hebdomadaire Veja le 06.09.1995:

Il faut que les professeurs et les étudiants participent du processus de création du savoir. Sinon, le fait de se servir d'antennes paraboliques ou bien des radios portatives, cela revient au même.

La décision d'acquérir beaucoup d'ordinateurs est bonne, mais pour que cela marche, les programmes doivent être bien faits, intéressants. Si personne n'a envie de les regarder, cela n'aura aucune valeur.

L'ancien Directeur du Centre de Linguistique Appliquée de Besançon, Monsieur Georges Zask, offre un témoignage dans le même sens, lors d'une interview parue dans le numéro spécial du *Monde de l'Education* de juillet/août 1996 consacré à l'enseignement du Français/langue étrangère. Selon lui, les nouvelles technologies éducatives ne devraient pas tenir le rôle primordial que voudraient leur assigner certains dans l'enseignement du français.

Plusieurs collègues travaillant dans le domaine de l'éducation renforcent cette position dans le reportage intitulé *Lição de Cautela* paru dans *Veja* du 25 septembre 1996. Dans un autre article, celui-ci du 9 octobre de l'an 2000, on confirme que, en tant qu'idée, le projet d'éducation à distance peut devenir une révolution dans l'enseignement au Brésil. En tant que pratique, toutefois, il est loin de bien fonctionner.

Toujours en ce qui concerne les justifications, on doit prendre une position relative à l'engagement politique autour de l'enseignement. Les massmédia en général renforcent les attitudes gouvernementales quand ils valorisent excessivement l'achat d'équipements, tels que des ordinateurs, des appareils de télévision, des antennes paraboliques, etc. On diffuse beaucoup moins les caractéristiques des programmes à travers lesquels le processus

FRANCÊS
LÍNGUA ESTRANGEIRA
Novas demandas, novas respostas

d'enseignement est développé. Des articles parus dans le journal Folha de São Paulo du 23.02.97 présentent de nombreux exemples d'équipements abandonnés dans plusieurs régions du Brésil, faute de développement de projets adéquats et de formation de professeurs. Rien que les chapeaux des reportages mentionnés attestent l'association de l'échec à l'absence de projets de perfectionnement des professeurs[3] :

- ◆ gouvernememt essaie de ne pas répéter ses fautes et dit que les professeurs seront recyclés;
- ◆ faute de recyclage rend l'ordinateur inutile;
- ◆ école ne sait pas comment se servir des ordinateurs.

En ce qui concerne les écoles il s'agit dans bien des cas d'une stratégie de marketing, dans la mesure où, il est bien vrai, les parents en général donnent beaucoup d'importance à ce discours technologique, sans se préoccuper de savoir ce que leurs enfants font en réalité à l'école dans le domaine de l'informatique.

Encore en ce qui concerne les justifications, l'aspect de l'autonomie, primordial en lecture de textes spécifiques, rejoint l'usage de l'outil informatisé. Autrement dit, on considère l'ordinateur un outil de travail qui facilite le développement de l'autonomie.

Le fait que le discours du professeur et des étudiants soit reçu et/ou transmis à travers l'écran nous mène à une autre particularité intéressante: le canal oral et le canal écrit sont, pour ainsi dire, superposés. Ce qui se passe est que ce discours transmis à travers un support écrit a, à plusieurs reprises, les caractéristiques d'un discours oralisé.

---

3. Governo tenta não repetir erros e diz que vai treinar professores; falta de treinamento torna micro inócuo; colégio não sabe como usar micros.

Laissez-moi surfer et j'apprendrai à lire en français

B. PROFIL DU PUBLIC

Le cours est destiné à des débutants complets en français. La plupart sont des étudiants préparant un DEA ou un doctorat et ont besoin, soit de lire vraiment de la bibliographie écrite en français dans leur domaine d'études, soit de passer un examen dit de *proficiência* en langue étrangère, exigé de tout étudiant de *Pós-graduação* au Brésil. Il s'agit d'une langue étrangère au DEA et d'une autre au doctorat. Etant donné que la plupart des étudiants choisissent l'anglais au DEA, il y en a beaucoup qui sont obligés à choisir le français pour le doctorat.

C. OBJECTIFS

Outre le développement de la compréhension écrite, objectif principal des cours liés à l'enseignement instrumental des langues étrangères à la PUC/SP, on ajoute ici le développement des habilités recquises pour travailler avec un système géré à distance, ainsi que le développement des capacités à exploiter l'ordinateur personnel comme un outil de travail et de recherche.

D. MÉTHODOLOGIE

On a imprimé tout le matériel produit au long du cours pour faciliter la manipulation des données dans des ambients ne pas informatisés, c'est-à-dire, ne possédant pas de moyens informatiques. Ce matériel en papier a été rigoureusement classé. On a ainsi établi six dossiers qui permettent plusieurs lectures du déroulement du cours, c'est-à-dire, différentes approches du même matériel. Ils contiennent:

+ les productions de chaque inscrit, classées par étudiant (ce qui permet d'analyser leurs performances individuelles);

+ les activités proposées suivies des réponses des étudiants (ce qui permet d'analyser la progression du cours du point de vue de la méthodologie proposée);

+ le fichier (contenant la systématisation grammaticale du cours);

— 64 —

- les suppléments (la totalité des textes supplémentaires);

- les textes (avec tous les textes travaillés pendant le cours); et

- les messages, par ordre d'envoi (ce qui permet d'analyser les réactions et le discours des participants).

La structure du cours de Français Instrumental a distance a quatre parties: trois banques (textes, fichier et suppléments) et um forum (interventions).

- **Textes**:

  C'est ici que sont déposés par le professeur tous les fichiers correspondant aux textes travaillés au long du cours. Ces textes ont reçu auparavant un traitement informatisé afin de pouvoir être transmis par le réseau. Ils ont été copiés par le logiciel de traitement de textes Word 6.0 par le professeur et un des assistants de la COGEAE. Quand les textes avaient des images, elles étaient numérisées et pouvaient être récupérées par Word. Sinon, on indique ici les adresses URL des sites Internet où se situent les textes choisis par le professeur, pour que les étudiants puissent y accéder directement.

- **Interventions**:

  C'est la salle de classe proprement dite, le *forum* correspondant aux instructions du professeur et/ou les activités réalisées par les étudiants, c'est-à-dire, la partie la plus "fréquentée" par les étudiants.

- **Fichier**:

  C'est dans **fichier** que le professeur a rangé tous les fichiers produits avec la systématisation grammaticale réalisée au long du cours, selon les critères définis par Avolio & Coracini, 1983.

- **Suppléments**:

  Dans **suppléments** étaient rangées toutes les activités supplémentaires proposées par le professeur aux étudiants ayant un peu plus de temps que les autres.

Tout au long du déroulement du cours les étudiants ont eu accès à un forum public de doutes techniques, auquel ils pouvaient s'adresser si les problèmes techniques persistaient.

Laissez moi surfer et j'apprendrai à lire en français

E. COMMUNICATION ET MOTIVATION

La communication peut être établie en trois sens différents: de l'étudiant vers le professeur, du professeur vers l' étudiant (s) ou bien de l'étudiant (s) vers un autre étudiant (s).

Une des principales préoccupations que j'avais avant de commencer le cours était le fait de ne pas créer une ambiance de salle de classe, *confortable* du point de vue de la communication, afin que tous les participants se sentent libres pour se manifester, même sans se connaître (dans le sens *présenciel* du terme).

Or, cette crainte a très vite disparu. Le caractère particulièrement informel d'énoncés (extraits du premier module expérimental) tels que:

- *segura aí que eu mando daqui.*

- *fessssoraaaaaaaaaaa! Se eu conseguir resolver este exercício, vou trabalhar no Egito tentando decifrar hieróglifos...*

m'ont vite rassurée...

On considère en général que des cours à distance ne donnent pas beaucoup d'occasions aux étudiants d'établir des interactions entre eux-mêmes. En revanche, les données dont je dispose indiquent que cela dépend beaucoup de la personnalité des gens, qui prenaient effectivement des attitudes dans ce sens. Cf. les exemples (extraits du premier module expérimental) qui suivent:

- *Ôi, será que vocês estão tão desesperados quanto eu? Que exercício maluco!!! Fico me perguntando se meus alunos se sentem assim quando lhes dou um gráfico.*

- *Ô gente, me ajuda a fazer este exercício! Como ele é complicado! Ah, será que é uma brincadeira? NÃO? Então a professora quer acabar com seus alunos desde o início do curso. Não? Ah, então meu computador pegou um vírus.*

- *É, aqui também peguei o mesmo vírus!*

Les conversations parallèlles qui maintes fois sont interdites dans des cours conventionnels ont lieu régulièrement ici, dans la mesure où les étudiants peuvent contacter non seulement le professeur mais aussi leurs collègues.

FRANCÊS
Língua Estrangeira
Novas demandas, novas respostas

Quant à la motivation et les résultats du deuxième semestre de 1999, les messages envoyés par les étudiants témoignent leur intérêt:

+ *Segui sua sugestão e fui dar uma volta no yahoo.fr. Como tenho a boca torta de cachimbo, procurei e achei textos que vão me ser úteis para meu doutorado. Obrigada, por isso, também.*

+ *E, mais... hoje, tive orientação e mostrei os textos e fiz inveja à minha orientadora que fala bem o francês mas não sabia o endereço do yahoo.fr.*

+ *Ôi. Alguém sabe como encostar um balão comum numa chama sem estourar? Se vc não sabe, eu vou te ensinar o caminho para descobrir. Anota aí. Viagem cultural. Variés. Internet pour enfants. Curiosités. Le palais de la découverte. Atelier découverte. Les mésaventures d'un ballon.*

+ *Sugiro que voces dêem uma olhada na viagem cultural. Em variedades, acessem a parte de poesias. É otimo para treinar a nossa compreensão (sem dicionário, é claro!). O melhor de tudo é que se pode ouvir a poesia sendo declamada e, assim, ouvir um pouquinho o som do francês. espero que gostem da dica.*

F. LE DISCOURS DANS UN COURS DE FID: LES RAPPORTS ORAL/ÉCRIT

Parpette, 1994, a étudié la combinaison entre le discours oral et le discours écrit simultanés dans des cours de français adressés à des étudiants non-francophones inscrits dans des cours techniques à la ENTPE (École Nationale des Travaux Publics de l'État). Sa recherche se situe dans le cadre d'un cours destiné à des étrangés mais réalisé en France. La formation dont il s'agit ici, en revanche, a eu lieu au Brésil. Mais nous sommes d'accord sur l'intérêt pour des analyses du ou plutôt des discours produits lors de ces cours, dans la mesure où les résultats de ces recherches peuvent influer directement sur l'organisation même des cours.

Dans le cours de FIAD on a une particularité en ce qui concerne la lecture. Outre les textes des domaines scientifiques que les étudiants auront à lire, il y a tout le discours des consignes qui est transmis à travers l'écran, de même que tous les messages concernant la communication entre les participants. L'étudiant aura, donc, plus de matériel à lire que dans un cours conventionnel.

Le fait que le discours du professeur et des étudiants soit reçu et/ou transmis à travers l'écran nous mène à une autre particularité intéressante: le canal oral et le canal écrit sont, pour ainsi dire, superposés.

Ce qui se passe est que ce discours transmis à travers un support écrit a, à plusieurs reprises, les caractéristiques d'un discours oralisé, comme on voit par les exemples déjà mentionnés. Mais, alors que l'oralité nous oblige à une linéarité, les participants ont ici des attitudes plutôt liées à quelques principes de base concernant les stratégies de lecture, tels que: on ne lit pas tous les mots qui sont écrits. Même si le discours des consignes a été produit en portugais, la langue maternelle des étudiants, il s'agit de situations de communication très intéressantes qui nous fournissent des pistes sur le besoin de clarté et les possibilités de mal-entendus et sous-entendus.

III. CONSIDÉRATIONS FINALES

Le cours à distance exige beaucoup plus de discipline, soit de la part de l'étudiant, soit de la part du professeur. Le fait qu'il n'y a pas de rendez-vous hebdomadaire entre les participants leur assure une très grande liberté, et ceci est sans doute un des avantages considérables de ce type de cours. Cependant, cette liberté ne doit pas devenir indiscipline. Il revient aux étudiants eux-mêmes de créer, développer leur propre discipline afin de suivre le cours. Les circonstances domestiques, familiales - dans la mesure où, en général, l'ordinateur est chez eux - ne peuvent pas compromettre le déroulement du cours.

À guise de conclusion, il convient de signaler la valeur du travail en équipe. Rien n'aurait été possible sans les critiques de mes collègues observateurs, de l'équipe de Français Instrumental du Département de Français de la PUC, qui était toujours disponible et disposée à faire une évaluation des nouvelles activités élaborées pour le cours télématique, et sans le support technique de l'équipe de la COGEAE.

Quant à l'appréhension de quelques professeurs d'être remplacés par des machines, c'est une crainte infondée, dans la mesure où le professeur est un élément fondamental du projet d'enseignement à distance parce que c'est lui qui doit stimuler les étudiants à discuter et bien profiter du contenu des programmes.

Il y a des pays qui se servent de façon intensive des nouvelles technologies et qui

FRANCÊS
LÍNGUA ESTRANGEIRA
Novas demandas, novas respostas

présentent des taux de chômage assez bas (3,2% au Japon et 5,5% aux EU, selon José Pastore, 96). Si cela ne se passe pas dans d'autres pays qui pourtant se servent aussi des nouvelles technologies, comme par exemple la France et l'Allemagne, c'est parce qu'il faut y introduire des changements institutionnels considérables, surtout dans la législation du travail et de l'éducation. Il y a des métiers qui disparaissent, il y en a d'autres qui surgissent, d'autres encore qui se fortifient, mais ils passent tous par une métamorphose radicale, exigeant de nouvelles compétences.

En ce qui concerne la communication, on doit dire que l'espace cybernétique concerne tout d'abord des gens et non pas des machines ou des instruments. Ce que les gens qui s'en servent en font est un phénomène humain, qui ne concerne pas prioritairement le domaine électronique.

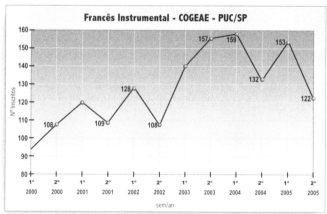

Evolução do número de inscritos no curso de *Francês Instrumental* para pós-graduados 2000 a 2005.

Profª Drª Jelssa Ciardi Avolio

Formou-se em Letras Francês/Italiano pela USP em 1977. Em 1993 obteve o título de Mestre em Lingüística Aplicada na PUC/SP, onde leciona desde 1982, sendo Professora Titular do Departamento de Francês. É doutora em Didática pela USP. Coordenou os cursos de extensão de Francês Instrumental da PUC/SP por mais de dez anos. Concebeu e implantou o curso de Francês Instrumental a Distância através da BBS PUC/COGEAE em 1996, atividade pioneira no Brasil, e transposta para a Internet em 1997, impulsionando o desenvolvimento de novos projetos de ensino de línguas através de redes telemáticas. Em 1997 criou o NELPEF - Núcleo de Estudos Lingüístico-Pedagógicos para o Ensino do Francês. Foi presidente da APFESP – Associação dos Professores de Francês do Estado de São Paulo de 1998 a 2001. Foi vice-coordenadora da COGEAE – Coordenadoria Geral de Especialização, Aperfeiçoamento e Extensão da PUC/SP de 2000 a 2005. Foi condecorada *Chevalier des Palmes Académiques* pelo Ministério Francês da Educação em 2003. Atualmente é líder do GIEF – Grupo de Estudos Interfaces do Ensino do Francês, através do qual desenvolve pesquisas, organiza publicações, promove atividades extra-curriculares e orienta alunos de Iniciação Científica e de pós-graduação lato sensu.

BIBLIOGRAPHIE

- AVOLIO, Jelssa Ciardi (1999) *O Trajeto do Francês Instrumental no Brasil: dos primórdios às redes telemáticas*. Tese de doutorado, Faculdade de Educação, USP.

- AVOLIO, Jelssa Ciardi & CORACINI, Maria José R. F. (1983) La grammaire: une expérience en classe de français instrumental, in Revista *ELOS* - O Francês no Brasil, Associação Brasileira de Professores Universitários de Francês, pp. 79-93.

- BALMET & DE LEGGE (1992) Pratiques du français scientifique . Paris, Hachette/Aupelf.

- CORTELLA, Mário Sérgio (1996) *Informatofobia e informatolatria: equívocos em educação*, comunicação apresentada na 48ª Reunião Anual da Sociedade Brasileira para o Progresso da Ciência, PUC/SP.

- ETUDES DE LINGUISTIQUE APPLIQUEE n° 76 (1989) Lectures et Technologies. Didier Erudition, Paris.

- GALISSON, Robert (1990) "Où va la didactique du français langue étrangère?" in *Études de linguistique appliquée* n° 79. Paris, Didier.

- LANGUE FRANÇAISE n°83 (1989) Langue française et nouvelles technologies. Paris, Larousse.

- LEHMANN, D. (1993) Objectifs spécifiques en langue étrangère - les programmes en question. Paris, Hachette, Coll. F références.

- LE MONDE DE L'ÉDUCATION, juillet/août 1996.

- LÉVY, Pierre (1990) Les technologies de l'intelligence. Paris, Ed. De la découverte.

- MANGENOT, François (1994) Ordinateur et communication, in *Le français dans le monde* n° 266. Paris, Hachette, pp. 65-69.

- PARPETTE, Chantal (1994) Discours oral/discours écrit dans les cours techniques.

- PORTINE, Henri (coord.) (1989) *Etudes de linguistique appliquée* n° 76 - Lectures et Technologies. Paris, Didier Erudition.

- Revue VEJA Lição de Cautela, 25.09.96

FRANCÊS
LÍNGUA ESTRANGEIRA
Novas demandas, novas respostas

FID - Francês Instrumental a Distância -

UMA EXPERIÊNCIA TENTADORA

Profª Drª Mára Lucia Faury
mlfaury@pucsp.br
Pontifícia Universidade Católica de São Paulo

Como todo professor de línguas estrangeiras, vivencio processos muito íntimos mas ao mesmo tempo bastante reparadores e partilháveis. O aprofundamento sobre algumas reflexões – cujo processo já se iniciou há um bom tempo – sobre a docência de modo geral e, mais especificamente, sobre o papel do docente atualmente, suas transformações na confluência dos séculos XX e XXI, os novos desafios que o professor começou a enfrentar a partir do advento do ensino a distância e, mais especificamente, sobre o ensino de línguas a distância (já que minha prática aí se inscreve) me levou a relatá-las neste artigo.

As observações aqui apresentadas tiveram sua origem e giram em torno dos cursos de Francês Instrumental a Distância[1], oferecidos

---

1. Talvez valesse a pena aqui recapitular como a equipe que trabalha com Francês Instrumental na PUC/SP, o define: francês instrumental é "o ensino do francês como língua de informação, com objetivo de ter acesso a documentos escritos de caráter informativo" Avolio (1999:18), correspondendo à designação *Français Fonctionnel* ou *Français sur Objectifs Spécifiques* (FOS), mais utilizada na França. Para nós, o Francês Instrumental é uma metodologia de ensino da leitura – assim como uma disciplina – que, em pouco tempo, permite que o aprendiz possa desenvolver habilidades de leitura em língua francesa, podendo ter acesso a textos gerais em um primeiro momento (em torno de 30h de ensino) e a textos de áreas específicas em um segundo momento (em torno de 60h de ensino, portanto, no total).

FID - Francês Instrumental a Distância -
UMA EXPERIÊNCIA TENTADORA

pelo Departamento de Francês da PUC/SP desde agosto de 1999, sobretudo no que diz respeito aos níveis I e II ministrados de agosto a dezembro de 1999 e de fevereiro a abril de 2000, respectivamente, seguindo o percurso de três de nossos alunos. Um dos interesses do estudo deste curso repousa sobre o fato que foi o primeiro curso de FID – Francês Instrumental a Distância a ser oferecido na internet, a um público maior, em escala de maior divulgação, em um servidor considerado como o maior da América Latina.

Na história do nosso Departamento, os cursos de Francês Instrumental sempre foram oferecidos de modo "tradicional", isto é, como cursos presenciais, em sala de aula, até 1995. Foi a partir de 1996 que as primeiras experiências de ensino a distância foram realizadas. O primeiro curso de Francês Instrumental a Distância - FID, sem dúvida pioneiro no Brasil, foi ministrado pela Profa Dra Jelssa Ciardi Avolio através da BBs PUC/COGEAE, e esta experiência foi examinada em sua tese de doutorado intitulada *O trajeto do Francês Instrumental no Brasil: dos primórdios às redes telemáticas.* Em 1997 Alexandra Fogli Serpa Geraldini, outra colega de nossa equipe, ministrou o primeiro curso de FID na internet, a um grupo reduzido de estudantes. Esta experiência está sendo estudada atualmente em sua tese de doutorado (em curso) e que se insere na área formação de professores para o contexto virtual.

Dia 13 de agosto de 1999, portanto, nosso primeiro curso à distância estava no ar![2]

Grande desafio para nós, que engatinhávamos nas experiências de ensino a distância *en ligne*, colocávamo-nos uma série de questões afora sensações um tanto quanto perturbadoras diante desta nova forma de ministrar nossas aulas...

As professoras – porque eram duas as professoras – estavam um pouco apreensivas: nunca haviam ministrado aulas a distância. Uma delas se iniciara no magistério 30 anos atrás. A outra estava no seu segundo ano de experiência... No entanto, eu acredito, a expectativa era a mesma para as duas, exatamente aquela que todos os professores de FLE-Francês Língua Estrangeira experimentam – para não dizer o que qualquer professor vivencia diante de um novo grupo – quando devem iniciar um novo curso: será que vou conseguir transmitir o que devo? Será que meus alunos vão compor um grupo homogêneo? Será que teremos sucesso? De qualquer forma há sempre um sentimento de incerteza e de confusão que toma o professor e que vai se desfazendo pouco a pouco, à medida em que conhecemos mais o grupo de alunos no qual iremos atuar.

---

2. É preciso dizer que estes cursos são de extensão cultural, oferecidos à comunidade, através da COGEAE – Coordenadoria Geral de Especialização, Aperfeiçoamento e Extensão da PUC/SP. A partir de agosto de 1999 tivemos vários outros cursos de Francês Instrumental a Distância - FID, em vários níveis.

FRANCÊS
Língua Estrangeira
Novas demandas, novas respostas

Perguntava-me – e acredito que Érica, minha colega, também se deparava com as mesmas questões – seria necessário ministrar meu curso como sempre fiz ou seria necessário adquirir um novo comportamento? Seria necessário ressaltar as semelhanças e as diferenças de um (o presencial) e outro (a distância) aos alunos? Seria necessário sublimar meu sentimento de impotência diante destas novas ferramentas de trabalho: computador, conexão internet, impressão de atividades, comunicação via escrita, dedos, braços, olhos, tela, em oposição ao gestual, à postura, à boca, aos ouvidos e à fala? Seria necessário tomar um partido e talvez até mesmo reagir um tanto quanto intempestivamente ou "energicamente" diante de certas atitudes de alguns alunos (e até mesmo das minhas próprias)? Seria o resultado, finalmente, encorajador ou desencorajador?

Foram estas algumas questões que sempre estiveram presentes em minhas reflexões, desde o início do curso, pois, a sala de aula tradicional/presencial tendo sido abolida nesta situação de curso a distância *en ligne*, pude observar alguns resultados um tanto quanto "decepcionantes" na medida em que as reações diante da tela não se pareciam com as reações que se pode observar na sala de aula presencial, tanto da parte do professor quanto da parte dos alunos. Por vezes era necessário romper com os comportamentos tradicionais, evidentemente, mas, por vezes, era preciso também romper com certa tradição acadêmica (fala oralizada, por exemplo), foi preciso redefinir alguns papéis (quem explica o quê na sala de aula?), colocar as coisas em seus devidos lugares, reinventar alguns ritos da aprendizagem desembaraçando-os de sua falsa pompa clássica da sala de aula presencial. Foi ainda necessário tratar o irracional e o pânico (tanto dos alunos quanto das professoras) de modo delicado sem fazer muitas concessões, além de redescobrir a parte da retórica (desenvolvimento da argumentação, por exemplo) e até mesmo de seus efeitos perversos.

Compreende-se agora o que eu disse acima a respeito do processo que estava vivenciando com relação ao papel do professor e do aluno na atualidade. Diante de uma experiência de ensino de língua e de literatura francesa – juntamente com uma formação literária intensa – ao me deparar com estas novas tendências de ensino e posturas diante da sala de aula virtual, senti-me muito gratificada ao poder vivenciar estes novos caminhos que estamos percorrendo no ensino de línguas estrangeiras no Brasil e mesmo no mundo.

FID - Francês Instrumental a Distância -
UMA EXPERIÊNCIA TENTADORA

De um lado é um privilégio poder envolver-me com este ensino de ponta e, de outro, a experiência é mais preciosa ainda já que minha formação talvez me permita ir mais além das aparências do ensino a distância visto que apaixonada pela leitura, pela escrita, pelo epistolar, pelo relacionamento entre autor/leitor, pela recepção da escrita, pude viver de perto a elaboração desta espécie de... criação de um romance! O romance da aprendizagem...

I. O CURSO

Este primeiro curso devia começar oficialmente no dia 17 de agosto, uma terça-feira, mas, havia sido decidido também pela equipe que ele seria colocado no ar no dia 13 de agosto para que todos fossem se acostumando a navegar pelo site. O curso foi ministrado, como já mencionado, por duas professoras: Erica Elisa Sampaio Duarte e eu mesma e o grupo que constituiu a turma A (este do qual falamos) era bastante heterogêneo, constituído por 37 estudantes inscritos, que moravam em várias cidades de diferentes estados brasileiros: 9 no total (São Paulo, Paraná, Mato Grosso do Sul, Maranhão, Pará, Minas Gerais, Rio de Janeiro, Rio Grande do Sul e Brasilia. A princípio todos os alunos eram iniciantes em francês e sua idade variava entre 26 e 61 anos. O curso se desenvolvia em 6 espaços diferentes:

1. Um *Fórum* – onde os professores e os alunos deixavam suas mensagens sobre a realização das atividades propostas, sua correção, seus comentários, perguntas, respostas, etc. Neste fórum o estudante podia escolher a quem enviar suas mensagens: ao professor, a um de seus colegas (e neste caso era necessário especificar seu login) ou a todos. Ao final do curso, 1725 mensagens foram trocadas neste fórum.

2. Um *Banco de Textos* – onde os alunos podiam retirar cada terça-feira a atividade da semana.

3. Um banco designado como *Suppléments* – onde os alunos podiam retirar atividades suplementares.

4. Um banco chamado *Fichier* – cujo objetivo era registrar progressivamente a sistematização gramatical realizada através da leitura dos textos durante o curso, a fim de possibilitar a organização assim como a memorização destes dados. O aluno poderia, assim, reconhecer estes pontos gramaticais em leituras posteriores.

FRANCÊS
LÍNGUA ESTRANGEIRA
Novas demandas, novas respostas

5. Um Fórum denominado *Appui Technique* – onde os alunos podiam deixar mensagens que incidiam sobre as dúvidas relativas às questões técnicas. Um grupo de técnicos da PUC/COGEAE foi designado para trabalhar no curso de FID e para resolver todos os problemas que pudessem surgir ao longo do curso.

6. Um quadro denominado *Suivi*, onde eram computadas todas as atividades enviadas pelos alunos. Era através deste quadro que podíamos controlar e verificar a entrega das atividades.

O curso propriamente dito consistiu na realização de 14 atividades por parte dos alunos ao longo de 4 meses de curso. Semanalmente era colocada no ar uma nova que consistia em:

a) um texto que o aluno deveria ler;

b) orientações sobre como realizar essa leitura.

O aluno devia copiar o texto em seu disco rígido e trabalhar fora do ar, tranqüilamente, no tempo que lhe era necessário para entender o texto e responder as perguntas que lhe eram propostas. Além das atividades foram propostos também alguns textos suplementares, em número de três. A elaboração destas atividades foi feita pela coordenação do curso, que era assegurada pelas professoras Jelssa Ciardi Avolio e Alexandra Fogli Serpa Geraldini, mas nós, as professoras, éramos sempre consultadas a respeito da escolha de textos, sobretudo no decorrer do curso.

Quanto aos comentários e correções, ou seja: a atuação propriamente dita no *fórum*, a nossa sala de aula virtual, era assegurada unicamente pelas professoras. As atividades eram comentadas no *Fórum Interventions*, de modo geral, no que diz respeito ao grupo-classe, e de modo particular, com relação a cada aluno. Em geral evitava-se sempre insistir demasiadamente sobre o erro (com raras exceções e, neste caso, não se mencionava o nome do aluno que o tinha cometido pois naturalmente ele perceberia que fora ele que tinha errado) para dar uma ênfase maior no que o aluno tinha conseguido entender do texto e na realização da tarefa proposta.

Além do comentário geral que era feito no *fórum*, a partir da atividade 7 as professoras começaram a enviar uma correção específica juntamente com alguns comentários personalizados via e-mail para cada um dos alunos. Foi também após a realização da

FID - Francês Instrumental a Distância -
UMA EXPERIÊNCIA TENTADORA

atividade 7 que fizemos a primeira avaliação personalizada de cada aluno, na qual comentamos sua atuação na realização de cada atividade bem como sua atuação no fórum *Interventions* e a necessidade de uma maior participação, se fosse o caso. Uma segunda avaliação personalizada foi enviada ao final do curso, na qual fazíamos uma análise geral do aprendizado do aluno.

Pode-se observar no fórum *Interventions* dois momentos explícitos que se imbricaram ao longo do curso:

1. a troca social – que compreende dois planos específicos:

    1.1.) as apresentações (estudante à todos).

    1.2.) a troca de mensagens sobre assuntos específicos: saúde, trabalho, vida pessoal, divagações (alunoà todos; aluno à aluno; aluno à professor).

2. a invocação ritual do curso ou seja a troca de mensagens sobre os comentários sobre as atividades propostas (texto + atividades propriamente ditas) que se fez a três níveis:

    2.1.) aluno à aluno: "é difícil", "vocês estão conseguindo?" ou até mesmo pedido de informações a respeito do curso

    2.2.) aluno à professor:

    2.2.1) questões específicas sobre os textos ou sobre as atividades,

    2.2.2) "protestos" relativos aos textos propostos ou às atividades.

    2.2.3) a troca não realizada

    2.3.) professor à aluno – respostas às perguntas feitas pelos alunos, correção das atividades, comentários em geral, solicitação de participação no fórum, solicitação de envio de atividades e solicitação de cumprimento de prazos.

Nos cursos de FID oferecidos a partir do primeiro semestre de 2000, tanto no nível I quanto no nível II, houve apenas uma alteração no que diz respeito ao desenho do curso, a partir do que pudemos observar no curso anterior. O fórum *Interventions* ficou reservado apenas para as trocas referentes às questões metodológicas, já que pudemos observar que o acúmulo de mensagens era muito grande, dificultando sua leitura tanto por parte do aluno quanto por parte do professor. Para as trocas sociais, foi então criado um outro fórum, denominado *Cafétéria*.

II. UMA HISTÓRIA DE ALUNOS

Era uma vez...

Era uma vez um rapaz chamado R..., um outro chamado ZéR... e um outro ainda chamado JR...[3]

Estes três rapazes tinham muita vontade de aprender francês, porque queriam ler nesta língua. Todos eles tinham certa *necessidade* de conhecer o francês para seus estudos pós-graduados.

Assim, um dia, navegando na web, encontraram um site de uma universidade de São Paulo e resolveram se inscrever num curso chamado Francês Instrumental a Distância. Era interessante para eles já que, ocupadíssimos por seus envolvimentos profissionais, não tinham necessidade de sair de casa para freqüentarem este curso, o que lhes permitiria economizar muito tempo.

Embora os três rapazes tivessem mais ou menos a mesma idade: R tinha 46 anos, ZéR... e JR 43, suas personalidades eram extremamente diversas assim como suas profissões. Sem contar que moravam em três capitais de três estados de regiões diferentes: um era do Norte do país, um do Centro e outro do Sul. O rapaz do Norte era engenheiro, o do Centro era administrador e o do Sul era economista. Os três não viam a hora de começar as aulas pois embora achassem a língua francesa muito bonita até então nunca tinham tido contato com ela. Além disso, nunca tinham feito nenhum curso a distância. O grande dia de início de curso se aproximava e os três rapazes estavam cada vez mais curiosos: o que é que iria acontecer? O que seria este tal de Francês Instrumental? E como é que seria aprender francês via internet?

No dia 14 de agosto, R. envia sua primeira mensagem para o FID nível I:

De: R a Todos

Assunto: Alo!

Sábado. Tem caído uma chuva fina e cortante, como flocos de gilete, desde cedo. Ter-

---

3. Todas as iniciais utilizadas são fictícias para preservar a identidade dos alunos.

FID - Francês Instrumental a Distância -
UMA EXPERIÊNCIA TENTADORA

minei um trabalho de Design e olhei pela janela. O vento balança as nossas palmeiras. Tenho receio por elas. Vão aguentar? Vou a cozinha, preparo um chá e volto para o computador. Entro no site do curso de francês. Aqui estou eu! Desculpe, estava pensando alto. Dei um rápido passeio pelo site. Gostei do que vi.

Como podemos perceber, R. apresenta um forte componente emotivo em sua mensagem. É claro que as professoras ficaram entusiasmadas! Que professor não quer ter um aluno assim? Inteligente, sensível, amante da metáfora... E lá fomos nós interpretar suas palavras... Na verdade, esta foi a primeira de uma série de mensagens que versavam sobre a poética, a filosofia, cinema, arte e outros que tais.

No dia 18 de agosto de 1999 chega a primeira mensagem de ZéR,

De: ZéR a Todos

Assunto: Não especificado

Olá Pessoal, espero não ser o último a entrar nesta sala, sempre vou entrar a tarde mas hoje foi uma curiosidade abraços a todos daqui do ***

Um dia, portanto, após o início oficial do curso, demonstrando sua preocupação em não ser o último a chegar. De outro lado, nota-se também que este tem uma preocupação maior com o Outro, se é que podemos dizer assim... Nas mensagens seguintes, ele dirige-se ainda a todos, fala de suas dificuldades e parece ter uma boa comunicação através da escrita:

De: ZéR a Todos

Assunto: sensib2

Não sei se estou atrasadinho em minhas lições, fiz o sensib1 hoje e não estou com muita certeza. Agora o sensib2,esta me deixando parecer um bobão, tem algum macete para isso Soccooorro, alguem pode me dar um mãozinha. Abração, vou continuar tentando.

Além de tentar conversar especificamente com um colega de sua área, que é R, um dos rapazes evocados aqui. No mesmo dia então, alguns minutos depois, enviou a seguinte mensagem a R:

> *Seria necessário ressaltar as semelhanças e as diferenças de um (o presencial) e outro (a distância) aos alunos? Seria necessário sublimar meu sentimento de impotência diante destas novas ferramentas de trabalho: computador, conexão internet, impressão de atividades, comunicação via escrita, dedos, braços, olhos, tela, em oposição ao gestual, à postura, à boca, aos ouvidos e à fala?*

De: ZéR a R

Assunto: Re: Um Curso, Uma Prisão, O Mundo lá fora....

Ola R. Boa Noite Domingão terminando a semana. Se entendi bem vc esta afiadíssimo em cultura organizacional. Gostei, gosto de assunto na próxima revista de *** do Conselho *** sairá um artigo meu sobre *** vale a pena dar uma olhada. Bye Um prazer estar aqui com vocês. Abraço

Na verdade nunca houve uma resposta de R para ZéR. Porque R., em geral, escrevia apenas sobre os assuntos que lhe interessavam e "conversava" apenas com as professoras ou com as mulheres do curso.

Na mensagem seguinte, ZéR. procura conversar com uma colega que lhe respondeu e tenta interpretar um dos objetivos das primeiras atividades do curso:

FID - Francês Instrumental a Distância -
UMA EXPERIÊNCIA TENTADORA

De: ZéR a Ana

Assunto: Re: Tentativa de Ajuda...

Valeu, vou tentar. Depois te conto. Acho que as professoras estão divertindo com isso. O objetivo é legal fazer com que a gente troque idéia. Abraço

E isto não apenas com os colegas, mas também com uma das professoras. Enviou-me a seguinte mensagem:

De: ZéR a Mára

Assunto: Re: Re: sensib2

Acho que vc esta divertindo muito com essas trapalhadas nossas. Se eu não acertar, pelo menos começou o entrosamento com a turma. Valeu!

Abraço.

O terceiro rapaz, JR, durante todo o curso, deixou apenas uma mensagem no fórum, enviada quase dois meses depois de seu início, significativamente endereçada ao Professor e não simplesmente se utilizando do login Mára ou Érica, e que foi a seguinte:

De: JR a Professor

Assunto: Enviei o primeiro trabalho

No prazo normal enviei o primeiro trabalho, assim como fiz com todos os outros, e ví com surpresa, hoje, que no cadastro da entrega dos mesmos, por aluno, não há registro da entrega do trabalho número 1.

O que justifica isso?

Grato ***

III. E O PROFESSOR?

Estas três histórias, quero dizer, estes três casos para mim, não concentram, evidentemente, toda a experiência vivida neste primeiro momento do FID mas são, a meu ver, representativos de três tipos de comportamento/reações de aluno que um professor pode ter em sua sala de aula virtual. São exemplares na medida em que podem ilustrar até onde

Francês
Língua Estrangeira
Novas demandas, novas respostas

se pode chegar nos cursos a distância: do que somos capazes enquanto professores e qual a importância que o Aluno tem ou pode vir a ter neste tipo de curso.

Analisando a atuação destes três alunos ao longo deste primeiro curso a distância percebe-se que seu comportamento permaneceu sempre o mesmo: um divagava, o outro questionava/participava enquanto que o terceiro sempre se inscreveu na mesma categoria, que eu denominei de aluno *voyeur*. Eu sabia que o aluno vinha ao fórum, nossa sala de aula virtual, retirava as lições, obedecia ao que se pedia para o rendimento de cada um, mas não ia além disso. Uma ou outra mensagem que lhe foi deixada no fórum nunca obteve resposta.

Curiosamente na seqüência do curso o aluno 1 (R.) desistiu – ele desistiu ao enfrentar a primeira grande dificuldade que era a realização da atividade 7 –, enquanto que o segundo (ZéR) e o terceiro (JR) continuaram este nível I, terminando-o e voltando para realizar o nivel II.

Se analiso hoje, com recuo, o que representou a participação dos alunos de modo geral, e se tomo estes três como exemplares, posso dizer que três sentimentos marcaram indelevelmente a experiência professoral:

a) de um lado, a *frustração* (eu disse decepção há pouco), gerada pela falta de comunicação na sala de aula virtual seja com o professor seja com os outros alunos pois aí se encontra a ilustração perfeita da troca não realizada. O aluno encarnou o protótipo do estudante espectador na sala de aula presencial, atitude que, no curso à distância, poderia ser comparada à do *voyeur*. O tipo de estudante que retirava sua atividade no dia que era colocada no ar, realizava-a e a enviava sem participar do fórum, sem discutir, sem comentar nem com os colegas nem com o professor. E nada é mais penoso do que uma participação que não se dá. Na sala de aula presencial trata-se de uma imobilidade inflexível, quase que litúrgica...., é o aluno do qual não encontramos o olhar, é o aluno que dorme, que, percebemos, está sonhando, talvez. Na sala de aula virtual esta participação que não se dá, que podemos dizer com certeza, não existe, representa uma sensação de vazio, de palavras ao vento...

b) de outro lado, a *exasperação e o esgotamento*, gerados pelo fato do aluno não ir além, de ficar no simulacro de uma comunicação que não se dava. O aluno exigia uma atenção muito grande do professor, uma resposta pronta e até mesmo uma reflexão aprofundada sobre assuntos paralelos. Não havia conteúdo do ponto de vista Fran-

FID - *Francês Instrumental a Distância* -
UMA EXPERIÊNCIA TENTADORA

cês Instrumental, leitura. Não havia dúvidas pontuais sobre o que nos interessava mais no curso. Ficava na troca social (ou até mesmo na troca intelectual mas nada que nos interessasse enquanto leitura em francês). Quando se tem 37 alunos que se quer atingir do ponto de vista metodológico, quando se tem várias mensagens para responder adequadamente, pode ser um "martírio" receber este tipo de mensagem. Mas, sobretudo, ter que respondê-las. Exaure. Como no caso anterior, o que se escreve fica no campo do vazio, das palavras ao vento. E este não é um papel que incumbe ao professor seja em que tipo de curso ele se encontra (presencial ou a distância). Aliás, alguns alunos fizeram a avaliação do curso no final dele, em geral via e-mail. Uma aluna apontou como tinha sido "penoso" estar em um fórum onde um participante falava apenas dos assuntos secundários. Outra aluna fez um excelente trabalho de avaliação, formalmente, em apresentação em Power point que enviou a toda a equipe. Em um dos slides intitulado "Recomendações" ela escreve: "Nossa turma, neste semestre, era uma turma muito falante. Cada um chegou com sua pauta, alguns conseguiram mais espaço, outros menos... Pode ser que tenhamos deixado de lado os mais tímidos... E os assuntos eram diversos, o que se por um lado era interessante, por outro, não contribuía para melhorar nosso "francês". Poderia ser diferente?" Em outro slide intitulado "Pontos Positivos", onde ela evoca a relação entre os participantes – alunos e professores, diz o seguinte: "havia alunos mais "falantes" e outros mais "quietos", mas a sensação que passa é que a participação foi muito boa; Mára e Érica souberam dosar as mensagens que deveriam ir pelo Fórum (e portanto serem lidas por todos) e aquelas que iam particularmente para cada um de nós. Deixavam que percebêssemos quais as dificuldades que eram só nossas, daquelas que poderiam ser trabalhadas coletivamente por serem dificuldades de todos".

c) Finalmente, a *satisfação* que o professor experimenta diante do aluno esforçado, aquele que, tropeçando, tateando no início, avança apesar de suas hesitações naturais, de suas dúvidas, de sua descrença e de sua insegurança. Aquele que pouco a pouco determina como vai ser seu comportamento, que criou sua própria disciplina no trabalho com o texto, que realizou todas as atividades gerenciando seu aprendizado, lutando com seu próprio desempenho diário. O estudante que aspirava à autonomia mas que não recuava diante do pedido de atenção do professor ou até mesmo de proteção contra os riscos que não são, que não podem ser tão banalizados quanto em um ensino presencial, onde a pergunta é feita imediatamente e imediatamente

FRANCÊS
LÍNGUA ESTRANGEIRA
Novas demandas, novas respostas

respondida. O aluno que procurou a certeza e que se mostrava mestre em alguma coisa que, entretanto, acabava de descobrir, que sabia fazer alguma coisa que, entretanto, nunca tinha aprendido. A ilustração "perfeita" da aprendizagem e deste fenômeno de autonomia assim como esta espécie de contrato feito entre professor e aluno.

Os dois primeiros tipos de alunos "acuaram" o professor (e até mesmo seus próprios colegas), provocando nele ou neles determinados tipos de reação, como vimos, através das análises enviadas pelos próprios alunos.

Demonstraram terem encarado o curso como um espaço unicamente de socialização que poderia estar estruturando sua vida, talvez (os horários de acesso do curso, por exemplo, a "obrigação" da leitura e da resposta às mensagens, etc), mas não estruturando sua aprendizagem. Não conseguiram reajustar a imagem do professor nem a sua própria. Perderam sua identidade de alunos evitando colocar-se em contato com o *espelho*, representado pelo professor. Esqueceram-se, eximiram-se de mirar-se nos olhos do colega e do professor para se identificarem com a nova imagem de aluno que surgia.

Quanto ao professor, poder-se-ia dizer, de modo geral, que ele é chamado a ocupar alguns papéis fundamentais na sala de aula presencial: é um letrado mas também é um vilão; ele transmite o saber mas também é um "animador"; é um filósofo mas também um corretor de exercícios; ele ensina mas ele também aprende... Ele observa mas também resolve os problemas.

Em um curso a distância, naturalmente, estes mesmos papéis serão assumidos pelo professor e por vezes todos ao mesmo tempo, já que podem até mesmo imbricar-se. Antes de tudo é o professor que detém o saber relativo ao assunto propriamente dito de seu curso. Mas ele também detém o saber relativo à navegação em seu site, devendo transmitir os conhecimentos de modo a facilitar a aprendizagem. Assim, ele é o interlocutor privilegiado de seus alunos. Este professor também é um "lançador de operações" já que é sobre ele que repousa a preparação metodológica do curso. No caso do FID, era necessário prevenir os alunos sobre a atividade que iam realizar. O professor aparece assim como um animador-conselheiro ou mesmo um simples animador já que ele deve ocupar-se de sua sala de aula virtual o tempo todo, encontrar os meios de motivar cada vez mais seus alunos, suscitar sua curiosidade sobre a língua francesa mas também sobre os sites franceses.

FID - Francês Instrumental a Distância -
UMA EXPERIÊNCIA TENTADORA

Parece que no FID os papéis mais ou menos tradicionais do professor foram enriquecidos por outros que ele ainda não havia ocupado e que teve que reconhecer, aprender e desenvolver, em seguida. Foi surpreendente como os papéis se multiplicaram rapidamente pois era preciso levar em conta a heterogeneidade do grupo-classe assim como seu ritmo de aprendizagem e de envio de atividades (mesmo se havia um dia da semana fixado pelo professor, esta data-chave nem sempre era cumprida).

Além disso, o professor foi também chamado a "obedecer", a ocupar certos papéis que a representação que os alunos têm de um professor de língua estrangeira e de um professor de língua estrangeira de um curso a distância (também não podemos nos esquecer das representações que nós próprias, as professoras, assim como a coordenação, tínhamos do Professor). Digamos que os alunos nos "obrigavam" a representar certos papéis, aqueles que obedeciam às suas representações e que foram mais ou menos os seguintes:

a) um *navegador intrépido* – já que era necessário conhecer vários sites franceses para indicá-los aos alunos. Mas, sobretudo, era necessário navegar muito quando os alunos mencionavam um site que o professor não conhecia e do qual haviam falado no fórum;

b) uma *bóia salva-vidas* – já que havia no curso alunos que não estavam habituados à internet, não tinham o hábito de navegar e não tinham boas relações com a máquina. Cabia ao professor ocupar este lugar, como por exemplo, quando enviavam suas atividades várias vezes. Um aluno, percebendo um aviso-padrão assim que enviava a atividade, onde era dito que o servidor estava com problemas, enviou-a 36 vezes;

c) uma *vítima enclausurada* – visto que era necessário conectar-se várias vezes ao dia tendo em vista que poderia haver no fórum mensagens urgentes ou até mesmo mensagens grosseiras, já que sendo um curso aberto, não sabemos quem é aquele aluno. Era também necessário conferir a caixa postal eletrônica já que esta se encontrava sempre cheia, pois recebia as atividades que os alunos enviavam;

d) um *escritor delirante* – já que havia sempre um número considerável de mensagens para responder no fórum. Mas, sobretudo, porque era necessário repetir várias vezes, de forma diferente, o que já havia sido dito, porque os alunos não liam atenta ou corretamente as mensagens que eram colocadas no fórum endereçadas a todos ou a um colega específico, nem. A partir da atividade 7 as correções eram enviadas indi-

FRANCÊS
Língua Estrangeira
Novas demandas, novas respostas

vidualmente e via e-mail: era então necessário redigir e enviar estes comentários, que incidiam sobre o rendimento pessoal de cada aluno (avaliações). No fórum estas correções das actividades apareciam sempre com o título: "Retorno da activité…";

e) um *tático* por excelência – já que por vezes era necessário executar fielmente um plano estratégico. Por exemplo, quando as duas professoras formularam as "Règles du jeu", que era uma maneira gentil e "interessada" de levar os alunos a se comportarem da maneira como queríamos;

f) um *monge* ou um *santo* – já que muitas vezes também era necessário exercitar-se ao silêncio pois era necessário refletir muito sobre algumas mensagens antes de colocar a resposta no ar, não responder muito rapidamente para não cometer erros, tendo em vista a importância das mesmas: isto podia afastar ou chamar o aluno mais para perto. Também o exercício da paciência foi realizado várias vezes pelas professoras;

g) um *adivinho*, um *feiticeiro* ou um *mago* – já que era necessário compreender a metalinguagem, que era necessário compreender o segredo que se encontrava no interior de cada mensagem;

h) um *médico* ou um *padre* – tendo em vista a dedicação, o número de horas de trabalho;

i) um *interlocutor privilegiado* tanto no sentido próprio quanto em um sentido irônico pois o aluno "despejava" uma série de informações. O aluno tem certeza de pelo menos uma coisa: sua solidão durante o curso, sua solidão diante deste tipo de ensino e diante da máquina será satisfeita pela presença deste professor que se encontra do outro lado da tela e que não o deixará só. É para ele que o aluno escreve. E sempre terá uma resposta.

O professor teve ainda alguns outros papéis que vale a pena lembrar: Lobo mau, palhaço, inimigo, psicólogo, além de corretor rápido de exercícios e técnico em informática…

É bom destacar que vários destes papéis foram, e são sempre, extremamente positivos para o bom desenrolar do curso. É a partir deles que o professor pode verificar a importância do que quer transmitir. É a partir deles que se poderá julgar, a meu ver, a novidade

FID - Français Instrumental a Distância -
UMA EXPERIÊNCIA TENTADORA

que traz esta problematização do ensino de línguas a distância. São estas as novidades "históricas" que permitem que os problemas evocados sejam resolvidos, parcialmente resolvidos ou contornados. De qualquer forma, reformulados, enquanto problemas.

Além destes papéis que foram dados ao professor, eu gostaria de destacar cinco outros que, sem dúvida, combinam muito mais com as funções professorais e que pudemos apreciar durante nosso nosso curso:

a) *guia* – orientando e guiando seus alunos na compreensão e na aquisição e utilização das estratégias de leitura, que lhes permitem ter acesso ao sentido do texto: ele dá as informações e corrige o sentido;

b) *elo de uma cadeia* – já que é ele que favorece a comunicação individual de seus alunos mas que também suscita seu investimento colaborativo;

c) *pesquisador analítico* – a partir das mensagens e das questões dos alunos, o professor pode obter dados introspectivos e respostas sobre o processo de aprendizagem que eles estão desenvolvendo mostrando também o que percebem (que nem sempre é o que o professor percebe);

d) *avaliador da aprendizagem* já que o trabalho de avaliação é constante. Cabe ao professor mostrar ao aluno que ele é capaz de ter acesso à compreensão do texto. Cabe ao professor dar segurança ao aluno.;

e) **?** – ponto de interrogação ainda não nomeado mas significando que o professor é aquele que favorece a autonomia do aluno ajudando-o a andar só, fornecendo-lhe as ferramentas (no caso do FID as estratégias de leitura) que lhe permitirão adquirir sua autonomia de leitura.

Com relação à sua equipe de trabalho, o professor mostrou-se como:

a) um *mosqueteiro* – ou seja: *"un pour tous, tous pour un"*. Trabalhando estreitamente com a coordenaçãop e partilhando o grupo com outra professora, a equipe devia estar bem afinada entre si. Era fundamental que estivéssemos de acordo umas com as outras. Eventualmente se tal não acontecesse, era imprescindível que face aos alunos não aparecesse nenhum desentendimento ou nenhuma dúvida com relação às relações cordiais existentes na equipe. Sobretudo, era fundamental que nos ajudássemos entre nós. Assim, mesmo que não estivéssemos de acordo com uma coisa

— 86 —

ou outra acabávamos adotando a idéia do outro. Além disso, trocávamos entre nós algumas mensagens que havíamos escrito ou algumas correções que havíamos feito, para não incorrermos em erros.

b) um *agente secreto ou duplo* – quando comentávamos entre nós e, sobretudo, com a coordenação, a respeito dos pequenos problemas do curso ou mesmo quando pedíamos que a coordenação nos ajudasse a resolvê-los.

c) um *espectador participante* – espectador no sentido daquele que vê fazer: escolha, seleção dos textos e elaboração das atividades eram realizados pela coordenação mas eram os professores que os desenvolviam em sua sala de aula virtual ou seja: os alunos enviavam a atividade e era o professor que a corrigia mas, sobretudo, era ele que a comentava coletivamente. E era neste comentário coletivo que que realizávamos nossa parte criativa, estreitamente ligada à concepção do curso.

Como se vê todos estes aspectos incidiam sobre a importância do trabalho de equipe. De fato, um curso a distância que quer dar certo tem que contar com este lado de equipe, de uma sólida equipe eu diria.

IV. DE NOVO, *ERA UMA VEZ...*

Voltemos mais uma vez ao nosso *Era uma vez...* para terminar a história dos dois rapazes que continuaram o curso, em seu segundo módulo: JR e ZéR, aqueles alunos que haviam representado desafio no primeiro módulo. Respectivamente, JR o aluno *voyeur* e ZéR, aquele que mais tinha fornecido satisfações ao professor, representando o aluno que todos gostaríamos de ter em sala de aula seja ela virtual seja ela real/presencial.

No dia 02 de fevereiro de 2000 teve, portanto, início, o FID – nível II, também o primeiro a ser oferecido via internet a um grupo maior de alunos. Os princípios funcionais do curso eram os mesmos com duas diferenças fundamentais: apenas uma professora desta feita e um número menor de atividades (11 activités) que exigiam, no entanto, um maior investimento da parte dos alunos.

Os dois rapazes, como no módulo I, comportaram-se exatamente da mesma forma: ZéR mais participativo do que nunca e JR ignorando totalmente as mensagens que lhe eram enviadas tanto pelos colegas como pela professora.

Do ponto de vista aproveitamento, sem dúvida ele foi muito bom: excelente, tanto

FID - *Francês Instrumental a Distância* -
UMA EXPERIÊNCIA TENTADORA

para um quanto para outro. É do ponto de vista participação/interação em sala de aula virtual que se trata aqui. É como se ZéR tivesse utilizado um método composto por ele mesmo a partir da freqüência ao módulo I do FID.

E este método se parece estranhamente ao método do inspetor Maigret, personagem do romance policial de Georges Simenon, sobretudo no que diz respeito à recusa das técnicas sofisticadas de investigação policial. Maigret não aprecia os espíritos metódicos e desconfia dos esquemas psicologicamente muito rígidos, tomando grande liberdade com as regras da instituição. Sentado durante horas em uma mesa de hotel ou de um café, silencioso e sempre acompanhado de seu cachimbo, insinua-se pouco a pouco na vida secreta dos protagonistas do drama até entrar em osmose com eles. É a partir do olhar de alguns personagens que ele reconstitui sua história assim como a de outros que os rodeiam, o que permite que elucide os crimes. O que interessa Maigret diz respeito ao motivo da ação criminosa, assim o que mais retém sua atenção diz respeito à ordem existencial: são as verdades escondidas que engendram o desvio mortal e são estas as verdades que devem ser buscadas pelo policial, pelo investigador.

No caso de ZéR, a disponibilidade em se fazer transparente ao longo do curso ficou patente: nada de técnicas sofisticadas mas uma obediência total ao que era pedido na atividade. Chega até mesmo a dizer em uma mensagem que levou 5 horas para realizar determinada atividade. Brinca com os colegas, troca idéias (como se o que fosse mais importante fosse a verdade escondida) e, a partir de suas idéias de fundo e do "olhar" de alguns colegas que reconstitui o texto, elucidando não um crime mas um sentido.

ZéR se identifica com o novo corpo que adquiriu depois de feita a operação. Seu contato com o *espelho* (professor e colegas) lhe permite reajustar a imagem, não perdendo nem um pouco a identidade mas, ao contrário, reafirmando sua própria auto-representação.

JR, por outro lado, permaneceu o tempo todo na visão periférica, demonstrando o conflito com a relação imagética tradicional. Não consegue redefinir seu papel, nem sua imagem. Não há, portanto, reflexo no *espelho*, para ele. Pois os poderosos estereótipos de representação de ensino/aprendizagem, de papel de professor, de papel de aluno, de envolvimento com a aprendizagem predominam ainda em suas representações sobre o ensino de línguas, influenciando seu comportamento e suas atitudes no curso de línguas a distância. Porque ele atribui ao professor de um curso a distância uma posição diferente, esta distinção se manifesta exatamente na sua falta de interação com a professora e com a

FRANCÊS
LÍNGUA ESTRANGEIRA
Novas demandas, novas respostas

sala de aula virtual. Ao que tudo indica, para ele, o que faltou foi uma "ação" presencial que tivesse um papel crucial em seu aprendizado. Foi a visão hierarquizada da construção do conhecimento em língua estrangeira que lhe fez falta, faltando um reajuste ao modelo de aprendizagem. Sabemos, hoje, que um acento crescente é colocado sobre a dimensão cultural e social do aprendizado.

O fato é que a falta de construção de relacionamento pessoal do aluno com o curso, com o francês instrumental a distância, a recusa do aluno em participar do fórum ou mesmo de dialogar com a professora (enviei-lhe vários e-mails e deixei-lhe várias mensagens no fórum, nunca tendo obtido resposta) perturbou as próprias representações da professora. Assim, eu não sabia muito bem como reagir diante deste muro, talvez até mesmo porque eu tivesse uma visão idílica das potencialidades oferecidas por este novo tipo de ensino, ou das potencialidades de criação de novas representações de papéis possíveis tanto para o professor quanto para o aluno. O fato é que esta dificuldade de integração, esta recusa de participar desta espécie de inteligência coletiva partilhada, esta recusa de ter uma troca positiva com estes novos parceiros do aluno me levaram a me manifestar de forma mais impetuosa na avaliação que lhe enviei. É claro que discuti os termos antes com minha coordenadora, professora Jelssa. E assim, utilizei de um cenário didático criado no FID I para atingi-lo, a fim de melhor utilizar este poderoso produto de ensino que é o curso à distância. Como já foi dito acima, a partir de determinada atividade começamos a enviar uma avaliação personalizada que incidia sobre todas as atividades realizadas até aquele momento. Foi, então, nesta avaliação que me manifestei sobre os vários pontos que geraram questionamento.

Ao que o aluno, não podendo se furtar, finalmente manifestou-se no Fórum, o que me deixou um pouco mais tranqüila.

De: JR a Todos

Sujet: Avaliação

Prof. Mára

Como o programa não aceitou o envio destinado a Prof. Mára, usei o artifício de mandar para todos.

Recebi a avaliação englobando até a atividade 8 e concordo com ela, acho que foi isso mesmo. A minha dificuldade nos trabalhos 1 e 2, além das já observadas, também deveu-se a pressa em elabora-las, devido a dificuldade em acessar o curso no inicio, quando

FID - *Francês Instrumental a Distância* -
UMA EXPERIÊNCIA TENTADORA

cheguei até a pedir sua ajuda. Para não ficar muito atrasado fiz as citadas atividades em grande correria. Acho que o curso atende o meu objetivo plenamente, que é de ler em francês mas sobretudo me familiarizar com a lingua, que é complicada com tantos verbos, etc, como também é o portugues.

Mais tarde pretendo ir além e estudar para falar um pouco. Como os outros alunos, tenho muito pouco tempo, e escolhi o curso pela internet, à distancia, pela flexibilidade que dá e pela liberdade que oferece de usar o tempo que aparece livre para fazer o curso.

Faço também inglês, lingua onde tenho maior dominio, mas com outro método, lendo todos os dias e três vezes por semana almoçando (e nessa ocasião só o ingles é permitido) com um professor.

Embora não participe do Interventions eu o acompanho e com isso sempre aproveito alguma coisa.

Acho que é muito bom o interesse das professoras, os textos são difíceis e interessantes, e repito estou pouco a pouco obtendo a resposta que queria. Acho que estou lendo melhor, embora ainda inseguro e tendo algumas dificuldades ao usar mais gramática.

Bem acho que atendí seu pedido.

Abraços, JR

Quanto a ZéR, a avaliação que ele nos enviou ao final do nível II, foi a seguinte:

De: ZéR a ProfMara

Sujet: Avaliação

Boa Noite Professora

Obrigado pela sua avaliação, acho que foi uma trabalhão e tanto. Imagino vc fazendo isso para cada aluno, minha nossa! não deve ser fácil.

Concordo com vc, fazer uma releitura, confesso que quando termino a atividade,quero mandar imediatamente é como" mais um...despachado". Bem sou uma pessoa que cobro muito de mim mesmo em quase todas as situações, por isso dos comentários..."meu vocabulário é fraco, bla,bla, bla..."

bem vou tentar corrigir ou vou fazer terapia "risos"

— 90 —

Todas as minhas atividade neste II FID procurei fazer comentários para Você sentir meu aprendizado. Não tenho muito que comentar do curso o que já comentei antes.

Só sei que estudar a distância e mais uma lingua estrangeira...não é fácil, tem que ter muita persistência, não sei se sou persistente ou teimoso "risos".

Quanto a Professora é ótima, é uma pesquisadora Guerreira e acompanha passo a passo seus pupilos. Você é 10,0 e consegue ser afetiva a distância. Um grande abraço.

ZéR

V. A TÍTULO DE CONCLUSÃO

A razão principal do estudo deste curso reside não apenas no fato de seu pioneirismo mas na vivência de uma nova maneira de ensinar e de aprender. Trata-se ainda de ver e analisar este primeiro curso com outros olhos, comparando-o com os que foram realizados posteriormente. Se temos o interesse de continuar nesta via é preciso que revisões críticas sejam sempre feitas. É preciso repensar o papel do professor, o do aluno. É preciso dar uma atenção especial à leitura das mensagens trocadas entre os alunos e entre aluno – professor (e vice-versa) para, assim, tentar decifrar o que "passou" e o que "não passou", o que foi positivo e o que não foi, o que deve ser repetido e o que não deve. Porque assim como nos cursos presenciais os cursos a distância exigem posturas diferentes e evolutivas.

Por enquanto, algumas conclusões parciais se impuseram. Dizem respeito ao comportamento, às representações, aos papéis tanto de professor quanto de alunos. Eu não apontaria um modelo comportamental nem para professores nem para alunos de cursos de línguas a distância mas o que pude deduzir de minha experiência e que eu apontaria mais como pistas de ação que, evidentemente, deveriam ser aprofundadas, seriam sobretudo referentes à criação de um novo perfil de aluno de cursos de línguas e não apenas de cursos de língua estrangeira a distância. É necessário divulgá-lo na mídia, na escola, nos cursos de formação de professores. Não basta escrever e publicar páginas e páginas na internet, tem que ser rápido e funcional. É preciso reformular urgentemente as representações sobre a língua estrangeira, seu aprendizado e seu ensino. É necessário agir sobre o próprio núcleo destas representações bem como sua ancragem. É preciso favorecer o desenvolvimento de cursos de língua estrangeira, e a academia tem um papel importante nisso.

E talvez não a título de conclusão mas de reflexão ainda, poderíamos nos lembrar daquele provérbio hebreu que diz: "Não limitemos nossos filhos ao que aprendemos pois eles nasceram em outra época".

Parafraseando-o, poderíamos dizer:

"Não limitemos nosso ensino, enquanto professores, ao que aprendemos, pois nossos alunos nasceram e viverão em outra época".

Profª Drª Mára Lucia Faury

Professora Titular do Departamento de Francês da Faculdade de Comunicação e Filosofia da PUC/SP, formou-se em Letras Francês-Português pela PUC de Campinas. Após uma *Maîtrise* da Université Paris IV-Sorbonne, preparou um DEA- *Diplôme d'Études Approfondies* e obteve um *doctorat de troisième cycle* da Université Paris III Sorbonne-Nouvelle. Fez pós-doutorado na École des Hautes Études en Sciences Sociales - EHESS de 1994 a 1995. Ministrou curso sobre "A identidade e sua representação na literatura brasileira" no Département d'Etudes Portugaises et Brésiliennes da Université de Poitiers, a convite da Profa Dra Ria Lemaire e participou como conferencista do Séminaire sur Histoire du Brésil, Paris, Sorbonne, de1995 a 1997. Orienta projetos de Iniciação Científica em literatura francesa e literaturas de expressão francesa, tradução, ensino a distância e editoração. Criou e coordenou o NELTIS - Núcleo de Estudos Literários sobre Temas Insólitos e Singulares (1997-2002), que abrigou pesquisas de Iniciação Científica, organizou eventos e publicações. Foi coordenadora da revista *Rencontres* (1992-1993 e 1996-2000), publicação do Departamento de Francês da PUC/SP, e é membro de seu Conselho Editorial. Atuou na Chefia do Departamento de Francês durante alguns anos, foi vice-coordenadora do curso de Letras/Francês e responsável pela coordenação do laboratório de línguas/francês. Foi vice-presidente da APFESP – Associação de Professores de Francês do Estado de São Paulo (1998-2001) e coordenadora dos cursos "Perfis Femininos na literatura francesa" (1999) e "Itinerários de Leitura em Francês a Distância" (2001-2004), que concebeu e implantou na PUC/COGEAE. Representou o Departamento de Francês e a Faculdade de Comunicação e Filosofia em várias instâncias ao longo de vários anos: no CEPE – Conselho de Ensino, Pesquisa e Extensão, no Conselho Departamental dessa Faculdade (como chefe e vice-chefe do Departamento de Francês da PUC/SP e como representante das categorias assistente-doutor e, posteriormente, professor titular), no Comitê Local do PIBIC da PUC/SP e CNPQ, no Comitê Institucional do PIBIC da PUC/SP. Desenvolve pesquisas atualmente através do projeto *Gosto das palavras: o livro e a literatura feminina de expressão francesa como produtos culturais,* sub-projeto do projeto do GIEF – Grupo de Pesquisa Interfaces do Ensino do Francês, intitulado Consumo Cultural Francófono; papéis, representações e repercussões no ensino da língua francesa.

BIBLIOGRAFIA

- AVOLIO, J. C. *O trajeto do Francês Instrumental no Brasil: dos Primórdios às Redes Telemáticas*, tese de doutorado, Faculdade de Educação da USP, 1999, p. 220.
- Curso de Francês Instrumental a Distância, PUC/COGEAE, http://cogeae.pucsp.br/online.php

FRANCÊS
LÍNGUA ESTRANGEIRA
Novas demandas, novas respostas

As Novas Tecnologias no Processo Ensino - Aprendizagem de Francês/ Língua Estrangeira de Adolescentes -

PRÁTICAS EM SALA DE AULA

Maria Cristina de Lima Carvalho Sicca
sicca@uol.com.br
Colégio Santa Cruz - SP

"La Web attitude est un appétit de liberté (...) Les hommes sont en train de se regrouper dans une immense ville virtuelle, là où il y a le plus de choix, où se trouvent les meilleurs marchés, y compris et surtout les marchés de l'information, de la connaissance, de la relation et du divertissement (...)" (Pierre Lévy, philosophe in "**A la recherche de la Web attitude**", Libération, 09/07/1999).

INTRODUÇÃO

Todo movimento em relação às instruções metodológicas pertinentes ao trabalho com adolescentes passa hoje pelas TTI (Tecnologias de Tratamento da Informação – Patrick Chardenet, 1996), ou ainda pelas TICE (*Technologies pour l'Information et Communication pour l'Education*, como se diz na França), pois "**Novas Technologias**" seria um termo intemporal e vago, pela adaptação do sistema escolar às transformações da comu-

As Novas Tecnologias no Processo Ensino - Aprendizagem
de Francês/Língua Estrangeira de Adolescentes -
PRÁTICAS EM SALA DE AULA

nicação, especialmente pelo uso da Internet, de *"cdroms"*, de ensino à distância, bibliotecas virtuais, utilização de centros de informática, este ciberespaço que, com certeza, já modifica o planejamento escolar. *"La réalité virtuelle est, peut-être la conséquence numérisée d'un mouvement épistémologique qui nous conduit à comprendre le réel à travers une architecture cognitive de signes à la fois de plus en plus complexe et de plus en plus riche. L'outil-média est devenu un facteur cadre en se substituant aux limites de la classe et de l'administration"*(Patrick Chardenet, 1996).

Ainda segundo Chardenet, as máquinas não devem se tornar simples próteses didático-pedagógicas.Todo sistema de ensino deverá passar por uma reforma interativa: as instituições, o papel dos professores, certificados, diplomas, etc. *"Que l'école s'installe ou pas l'outil–média dans son mobilier pédagogique (...) n'est pas la question, ce qui importe, c'est que les acteurs sociaux prennent conscience qu'ils définissent aujourd'hui les limites et les contraintes de l'outil en le faisant exister quels que soient l'espace et la distance".*

A escola muda, sempre deve evoluir, com ou sem as novas tecnologias. Elas são hoje uma ocasião muito boa para se reanimar o debate sobre práticas pedagógicas. Como colocar as tecnologias a serviço da educação? O que ensinar e como ensinar os jovens em contato cada vez mais freqüente com equipamentos de multimídia?

Faremos a seguir algumas reflexões necessárias diante destas questões sobre a leitura e escrita no computador, sobre aspectos metodológicos e aplicação prática desta ferramenta em curso de francês.

1. NOVA LÍNGUA, NOVA COMUNICAÇÃO, NOVO ESPAÇO DE PENSAMENTO

A linguagem, segundo Baktin (1929), é um instrumento comum da maioria das ideologias e, para ele, ideologia é um sistema de signos específicos, objetos reais, indissociáveis de uma significação. Tem, portanto, uma significativa função social.

A utilização da linguagem do computador deve ser dimensionada a partir deste princípio. Sua representação, sua significação para o usuário (leitor e/ou escritor), os signos próprios dela, constróem um novo sentido, trazem um novo espaço de saber, um novo espaço de pensamento, uma nova forma de comunicação.

FRANCÊS
Língua Estrangeira
Novas demandas, novas respostas

Vigotsky atribui à linguagem três funções:

a) através do diálogo, desenvolve o pensamento que é o significado da comunicação;

b) a linguagem enriquece as tarefas; e

c) a expressão do pensamento internaliza a experiência pessoal. Para ele, cada palavra é uma generalização que reflete a realidade, o significado pertence ao domínio da linguagem e do pensamento, a consciência se realiza no material sêmico, ela é criada durante o processo de comunicação social. Enfim, a linguagem é o resultado de uma interação complexa entre a realidade e o sistema lingüístico funcional.

Ora, a comunicação telemática traz com ela dois momentos essenciais: o diálogo entre o sujeito e o mundo através de uma nova língua e o seu papel social, pois envolve cooperação, partilha e conhecimento socializado. No texto *"Maximising the language and learning link in computer learning environments"*, McLoughlin e Ron Oliver (1998) ressaltam o papel social da linguagem e dizem que a relação assimétrica entre os navegadores é benéfica para o desenvolvimento da criança.

O hipertexto tem suas características próprias: é um texto sem limites, que redimensiona a função de autor e leitor, redimensiona o espaço ("desterritorializado", segundo Pierre Lévy (1995), desdobra-se diante do leitor por meio de "nós" que vão interligando um texto a outro e assim por diante. É uma linguagem de imagens interativas, onde a informação e a possibilidade de pesquisa estão sempre atualizadas, pode-se manter uma comunicação em tempo real. As mensagens que dele fazem parte são autônomas, soltas, fluidas, e estão em conexão umas com as outras. Significa uma abertura para o mundo quase infinito de textos variados e de fácil acesso. Neste "ciberespaço" o conhecimento muda rapidamente e o saber torna-se universal, fazendo com que tenhamos que lidar com esta galáxia de mundos virtuais que exprimem o saber humano. Quando um indivíduo mergulha neste mundo, ele traz a sua experiência pessoal e começa a fazer parte de um saber coletivo, da inteligência coletiva.

As possibilidades de trabalho são, portanto, imensas. Novos percursos de leitura e de escrita podem ser traçados com grande rapidez e podem oferecer situações inéditas de aprendizagem.

a) **Sobre a escrita**:

A língua, em sua concepção acadêmica, está muito modificada na correspondência eletrônica. Novos signos e seus respectivos significados são de domínio da elite usuária do computador, ocorrendo muitas vezes uma grande cumplicidade entre os membros desta elite, chegando até a discriminação daqueles que não dominam o código (nos "*chats*", por exemplo). Jovens do mundo todo conseguem se comunicar até por meio de sinais gráficos que indicam as emoções daquele que redige a mensagem. Os franceses falam até da "***novlangue***", referindo-se à língua utilizada no computador.

No texto "*The effect of communication, writing and technology aprehension on likelihood to use new communication technologies*", Scott e Rockwell (1995) comprovam, através de pesquisa em meio universitário, que indivíduos apreensivos diante da escrita podem não ter muita dificuldade diante das novas tecnologias, especialmente no computador.

Em recente projeto de correspondência eletrônica realizado por nós junto a alunos adolescentes de 15 anos, em língua estrangeira (francês), pudemos notar que esta pesquisa estava comprovadamente certa pois as dificuldades quanto à língua não dificultaram realmente a comunicação de ambas as partes. Parece-me que a desvalorização do vernáculo na telemática, facilitou o processo de escritura dos usuários.

b) **Sobre a leitura**:

No artigo "*Logical pages: revolutionising the use of print for teaching?*" de Paul Lefrere (1995), quando o autor se refere ao processo de escritura, ele diz que as habilidades desenvolvidas no trabalho individual no computador, são de planejar, traduzir o pensamento e revisar o texto escrito. Se o usuário tem dificuldades de escrever, ele propõe que se use os "softwares" para facilitar este processo, uma vez que escrever envolve recursos técnicos, cognitivos e sociais.

O leitor, diante de uma tela do computador, lê como na Antigüidade, como se estivesse procedendo à leitura em rolo, aquela do "volumen". Os rolos possuíam uma superfície limitada, revelando assim, apenas uma parte do texto à medida em que eram movidos para cima ou para baixo, e não permitindo que a totalidade do texto

FRANCÊS
LÍNGUA ESTRANGEIRA
Novas demandas, novas respostas

fosse visualizada. Os rolos deram lugar aos códices de pergaminho que, podendo ser manuseados, passaram a ser organizados segundo seu conteúdo e puderam ser transportados com mais facilidade. Dos códices passou-se aos pergaminhos sem folhas dobradas até chegar ao livro de papel. Do papel, chegamos à tela do computador e ao texto novamente limitado a uma superfície restritiva, como a dos rolos...

Para Pierre Lévy (1995), a leitura no hipertexto em relação às outras leituras produz três grandes rupturas:

a) não é mais o leitor que se desloca no texto, mas é o texto, o documento multimodal que, como um caleidoscópio, vai apresentar tal e tal de suas faces, e irá se desdobrar diante do leitor;

b) há uma certa inversão de papéis, ou melhor, há a construção de uma continuidade entre a escrita e a leitura;

c) as mensagens estão em rede e todos os bancos de dados estão interconectados.

Podemos falar aqui também sobre a intertextualidade sugerida por esta interconexão. O hipertexto pode possibilitar a navegação pelos correspondentes ao texto que aparece na tela, ligando um texto a outro. Segundo Paul Lefrere (1995), quanto ao processo de leitura, os inter-links proporcionam a escolha do domínio de interesse e o caminho de sua representação. As informações não estão todas explícitas (o que você vê é o que você alcança), mas sim há a possibilidade de, no caso de um livro eletrônico, uma leitura intertextual. de localização de partes do livro através de palavras-chave, de comparar obras, a análise não é antecipada pelo autor.

Ainda no mesmo artigo ele define como partes do processo de leitura:

a) procura de referências;

b) encadeamento (seguir referências);

c) navegar (diferenciar as referências);

d) monitorar (troca de documentos, pesquisa em outros documentos);

e) extrair (vista completa do documento citado) e

f) avaliar (troca ou aprofundamento da pesquisa dependendo da informação).

As Novas Tecnologias no Processo Ensino - Aprendizagem
de Francês/Língua Estrangeira de Adolescentes -
PRÁTICAS EM SALA DE AULA

Algumas observações que farei a seguir mostram que a comunicação telemática traz em si características nem sempre positivas para o leitor.

Em primeiro lugar o fato de que na tela do computador só se pode ver uma parte do texto de cada vez, enquanto o texto impresso pode ser visto em sua totalidade. Há quem diga, como J. Midlin (1998) que "o livro proporciona o prazer físico do contato", há ausência de contato do leitor que, em livros e revistas manuseia as folhas, por exemplo, ou Nicholas Negroponte (1998) que "quando lemos um romance muito da cor, do som, e do movimento provém de nós mesmos" referindo-se à idéia de que o universo interativo não reproduz na mente humana a mesma imagem que aquela do contato com o papel, falta espaço para a fantasia.

Em seguida há a idéia de que a Internet produz uma leitura aleatória, uma vez que acessa-se a rede para adquirir informações rápidas, que não estão inseridas numa seqüência lógica, como o texto impresso, com começo, meio e fim. É preciso ler o texto num contexto e analisá-lo a partir de referências internas e externas que possui.

Outra observação é do ponto de vista da gênese do texto: não se tem indícios dela em textos digitados, não há rascunhos, nem manuscritos, nem referências deixadas pelo autor durante o processo de criação daquele texto.

A pessoa que se conecta à rede, deve ter um rigor em seu projeto de leitura. Não se pode ir de um documento a outro às cegas. O leitor deve ter seus objetivos bem claros diante da leitura. É uma nova prática que vem se juntar a outras que já aprendemos. O aluno desenvolve habilidades como experimentar, refletir, argumentar. avaliar, procurar, planejar, rever, e... navegar, monitorar (novas habilidades, específicas da atividade no computador).

2. DESENVOLVENDO A AUTONOMIA

A aprendizagem no computador, através de atividades que envolvem leitura e escrita, pode fazer com que o aluno se torne mais autônomo. As experiências sumuladas na tela do computador podem trazê-lo a algumas conclusões sobre o mundo real, mas ele não pode estar sozinho neste processo.

Para Piaget (1923), "*la construction des connaissances (dont le langage) est liée aux* _transformations qui s'opèrent dans la relation entre l'enfant et le réel"_, entre outras palavras, o indivíduo se organiza ao "organizar" a realidade.

No texto de Catherine McLoughlin e Ron Oliver (1998), os autores defendem a idéia de que a atividade no computador pode ser construtivista, propõe uma abordagem comunicativa de aprendizagem que deve consistir de discussão, adaptação, interação e reflexão. Ressaltam o papel do professor como mediador, aquele que deve dar assistência e ser ponte para o progresso de seus alunos, através das trocas que mantém entre si.

No mesmo texto afirma-se que as listas de discussão, no ensino informatizado, favorecem a autonomia, a colaboração, a negociação, a reflexão e o desenvolvimento da linguagem. A verbalização e o diálogo promovem a aquisição de novos conhecimentos.

É importante notar que, apesar de ter sua dimensão social, a comunicação via computador é, às vezes, uma atividade solitária, individual e pode ter tendência a não construir aprendizagem nenhuma, se o aluno não escolher e delinear objetivos bem claros para que ela se torne real. A individualização da aprendizagem pelo computador permite ao aluno

A pessoa que se conecta à rede deve ter rigor em seu projeto de leitura. Não se pode ir de um documento a outro às cegas. O leitor deve ter seus objetivos bem claros diante da leitura. É uma nova prática que vem se juntar a outras que já aprendemos. O aluno desenvolve habilidades como experimentar, refletir, argumentar, avaliar, procurar, planejar, rever, e... navegar, monitorar (novas habilidades, específicas da atividade no computador).

um percurso no seu ritmo, a experimentar construindo a hipótese e a tese, ela atende às diferenças individuais, às características de cada modo de aprendizagem, à personalidade do usuário. "O computador facilita o acesso às informações e mantém o sentimento (ou a ilusão) de uma ativa participação na produção do saber, quer seja pela atividade mecânica de procura, quer seja pelo aspecto lúdico de seu uso. Construtivismo e computador vieram assim tocar juntos uma musiquinha perfeita para os ouvidos do individualismo moderno: não devemos aprender nada de ninguém, pois somos em nossa lúdica atividade, a fonte de todo saber e sabedoria" (Contardo Calligaris, 1998).

É por isso que se fala em autonomia, é inegável a função de aprender a aprender ligada ao computador. O imperativo pedagógico construtivista é de que a aprendizagem deve antes passar por interrelações, trocas e cada indivíduo deve comunicar algo. Ora, que espécie de interação existe, qual é a interdependência que há na realidade virtual?

A abordagem comunicativa em sala de Informática fica no âmbito da comunicação **simulada**. Só através dela é que o computador pode se tornar eficaz e é, assim, que mais freqüentemente é utilizado.

Cabe ao professor colocar as regras, criar um contexto apropriado e organizar o processo com seus alunos, definindo objetivos. São importantes também os "feed-backs". Enfim, a ação do professor maximiza o uso da linguagem, favorecendo a formação social do pensamento e o conseqüente desenvolvimento da aprendizagem de seus alunos.

Alguns alunos apresentam uma "fobia" na utilização do computador, a apreensão e a ansiedade podem fazer com que eles nem mesmo cheguem a se aproximar dele. Recomenda-se técnicas de ajuda dadas pelos professores no sentido de aliviar as ansiedades e apreensões.

É preciso que se desenvolva uma teoria de aprendizagem em computador que forme professores para esta tarefa de ajudantes na construção do conhecimento de seus alunos. Que se pesquise mais sobre as teorias de aprendizagem e aquisição de conhecimentos via computador.

3. PRÁTICAS EM SALA DE AULA

A aplicação da tecnologia do computador em sala de aula, segundo Taylor (1980) pode ser dividida em três categorias:

Francês
Língua Estrangeira
Novas demandas, novas respostas

a) o de **tutor** sistematizador de estruturas e de gramática, usado sobretudo com o auxílio de programas, tanto na Internet como cederoms preparados para este fim. É o caso do programa *Hot Potatoes* [1] ou do *"Je vous ai compris*[2]*"*, ou do *Grenouille Bleue.*[3]

b) Como **ferramenta,** utilizando o Word, o Paint-brush, etc. Como ferramenta, o primeiro conserva o texto, facilita a edição e a impressão (verificando erros ortográficos, formatando, ilustrando, etc.)

c) Como "**programado**", ou seja, o aluno o programa, constrói a sua página.

O Colégio Santa cruz possui um espaço para as aulas no computador que funciona da forma que exporemos a seguir.

Centro de Informática (experiência do Colégio Santa Cruz):

O Centro de Ensino de Informática- CEI do Colégio Santa Cruz: compõe-se de 4 salas, com 90 microcomputadores ligados em rede, numa média de 21 micros por sala, além de uma sala de coordenação com 4 micros, da qual se gerencia a rede.

A utilização do centro se dá, basicamente, de três maneiras: aulas regulares (previstas na grade horária) ou esporádicas (o professor decide quando quer vir para o grupo classe), sempre acompanhadas do respectivo professor da série ou disciplina; uso individual de alunos e professores em horário livre, extraclasse, com os mais diversos fins educacionais – basicamente edição de seus próprios trabalhos escolares ou particulares; e cursos ministrados para alunos ou professores sobre o uso de "softwares" básicos (Windows, Word, Excel, Netscape), específicos (Corel Draw, Power Point, Band – in a – Box) ou educacionais (capacitação para utilização de novos sistemas).

O Centro funciona todos os dias. Há um coordenador e três monitores. Quanto aos projetos pedagógicos, em geral são implantados a partir de reuniões entre o professor da disciplina e o coordenador do centro. Tais projetos podem nascer de uma necessidade do próprio professor, de um estímulo do coordenador, de uma orientação da direção ou de outros coordenadores pedagógicos, de sugestões de alunos, etc.

Página do Santa Cruz na Internet: http://www.santacruz.g12.br

Na nossa prática com alunos de 8ª série do Curso Fundamental 2 do Colégio Santa Cruz, com 1h40 de curso de Francês por semana e com classes de 35 alunos, projetos na sala de informática estão ligados à função do computador como **tutor**, às vezes, e, muitas vezes, como **ferramenta** de trabalho. Atividades com programas que não estão na rede Internet (cederoms didáticos), nem sempre funcionam pela dificuldade de se colocar estes programas na rede e o aluno não poder trabalhar individualmente no seu computador. Outra razão para a não-utilização destes programas didáticos é a nem sempre adequada contextualização deles no programa que desenvolvemos em sala de aula. Ainda outra razão é a de que é preciso ter uma orientação muito individualizada para que se faça o tratamento do erro. O aluno pode não ter a percepção correta dos erros que cometeu, da sua importância e especificidade no contexto da aprendizagem. A última razão é a de que estes programas são caros para serem usados muito de vez em quando. Enfim, apesar de termos uma cedoteca razoável, nem sempre podemos utilizar os programas que lá estão.

A utilização do computador como **ferramenta** possibilita ao professor e ao aluno uma prática pedagógica mais acessível, articulável e atualizada, de acordo com a realidade do processo ensino-aprendizagem.

Os projetos que criamos são na maioria com utilização de textos de sites da web ou particulares, de artigos e informações de sites de metodologia (didáticos em geral).

Apresentamos a seguir os dois projetos que se faz ao longo do ano: o Projeto "Tour Internet et Correspondances", e o Projeto "Journal Français".

I. "TOUR INTERNET ET CORRESPONDANCES"

Objectif:

Connaître la réalité francophone et pratiquer le Français, en opérant les outils de l'ordinateur et l'Internet en tant que voie d'information et de communication.

Activités:

1. Visiter des différents sites Français ou francophones (choisis parmi une liste donnée par le prof).

2. Visiter un site choisi pour se mettre en correspondance avec. Choisir un correspondant et entreprendre la correspondance.

— 104 —

Obs. 1) l'élève aura son propre e-mail et la correspondance sera adressée à lui.

Obs. 2) il y aura un cours une fois par mois (appartenant au cours de Français de 8ème.,le matin) pour écrire, recevoir les correspondances et naviguer sur l'Internet, jusqu'à la fin de l'année.

Obs. 3) les élèves recevront une fiche sur l'Internet (histoire et sitographie) en Français et aussi une liste d'adresses utiles.

Évaluation:

Ce travail au CDI aura la valeur de 10% de la note, à partir de la 2ème période.(avril, mai, juin). Ils devront d'abord faire la recherche dans un site français ou francophone et écrire un rapport sur ce qu'ils ont vu et découvert. Après, au moment où ils établiront correspondance en Français, ils devront montrer (les faire imprimer) les lettres qu'ils ont faites en classe et celles qu'ils ont reçues au professeur. Ce sera obligatoire d'envoyer, au minimum, deux lettres, une à chaque cours en salle de classe, une fois qu'on aura deux cours au Centre d'Informatique pendant ce semestre. Ils peuvent aussi parler avec les élèves à partir de leurs adresses particulières, mais sans compter comme travail scolaire. Les réponses à leurs messages à partir de l'école doivent être envoyées par les correspondants à leurs adresses de l'école.

II. "JOURNAL... – LE SITE FRANÇAIS DU CSC"(EN CONSTRUCTION)

Objectif:

La communication en langue française des étudiants, des professeurs et des parents, la réception des nouvelles et les informations de la communauté française ou francophone, la publication des travaux des élèves, des textes ou travaux des parents et des professeurs, et l'ouverture d'un forum en Français où tous puissent entrer.

Organisation:

1. Ce journal sera publié et renouvellé une fois par mois. Cela sera fait par une comission d'étudiants de 7ème et 8ème avec leurs professeurs de Français.

2. Tous les élèves participeront du choix du nom du site et une fois par mois ils devront présenter des recherches pour être publiées et les professeurs y publieront leurs travaux.

3. Tous les élèves et la communauté de l'école pourront acceder au site.

4. Ce site comportera:

+ Editorial

+ La voix du directeur

+ Textes variés

+ Travaux des élèves

+ Projets pédagogiques

+ Travaux et publications des professeurs

+ Actualités

+ Bibliographie

+ Sitographie

Um outro projeto que se faz em 8ª série é o "Déjeuner Français", que não é um trabalho totalmente ligado ao computador, mas no qual os alunos o utilizam como ferramenta para confeccionar convites, pesquisar sobre as regiões da França e a culinária regional, editar menus e fazer livrinho de receitas. Descrevemos a seguir este projeto.

III. PROJETO "DÉJEUNER FRANÇAIS"

Objetivo: compreensão e conhecimento de hábitos e costumes alimentares franceses, como também de pratos e da cozinha regional francesa.

Etapas:

1. Divisão dos alunos em grupos e explicação sobre projeto em geral.

Francês
Língua Estrangeira
Novas demandas, novas respostas

2. Entrega de pesquisa sobre a cozinha francesa em geral, e sobre uma cozinha regional (características e receitas).

3. Trazer uma proposta de capa para o livrinho da sua classe ("Déjeuner 98")

4. Trazer um convite em francês para o almoço.

5. Trazer um enfeite para mesa (objeto de adorno feito pelos próprios alunos,inspirados pelas características da região francesa que pesquisaram).

6. Trazer 12 copos, 12 pratos grandes, 12 pratos pequenos, 12 garfos grandes e12 garfos pequenos, 12 facas, 12colheres de sobremesa (tudo descartável) e um pacote de guardanapos de papel.

7. Trazer 2 refrigerantes de 2 litros ou 4 litros de suco de frutas.

8. Trazer no almoço o prato referente ao seu grupo.

Em aula, o professor, com o livro, e um material de vídeo, irá trabalhar os hábitos alimentares franceses, a situação de restaurante, e o vocabulário relativo à alimentação.

Cada classe fará um cardápio de cozinha regional francesa(5 regiões e: sul, sudoeste, centro, nordeste e oeste) Caberá a ela trazer pães, patês e queijos relativos a esta região.

A divisão dos trabalhos dos grupos caberá ao professor, assim como escolher o melhor trabalho em, grupo para ser editado pela classe.

Avaliação: este trabalho valerá 30% da avaliação do período. A pesquisa e a capa valerão 15% e o resto mais 15%.

Gostaríamos de fazer aqui **algumas observações sobre o trabalho em sala de informática com adolescentes**:

a) É preciso que o professor tenha organizado bem o trabalho que vai fazer, para que não ocorra navegação ao léu, sem objetivo pedagógico.

b) O professor deve dominar a ferramenta, pois alguns alunos podem utilizar o momento de aula para "brincar" no computador, é preciso se ter percepção de quando há "algo errado" acontecendo.

c) O professor deve conhecer os sites indicados, assim como acompanhar a navegação dos alunos e fazer com que eles sempre façam sempre uma leitura crítica. Como diz Umberto Eco (2000), "a Internet é um equivalente virtual do universo. Como nele, onde há florestas, cidades, os Estados Unidos e Burkina Fasso, na net você encontra de tudo: sites nazistas, os que querem vender não importa o quê, a pornografia e até mesmos os textos de concílios dos patriarcas da Igreja. Pode-se encontrar também a "Crítica da Razão Pura" de Kant, em inglês, uma edição do século 19, isentado o pagamento dos direitos autorais. O problema da Internet é a filtragem. Eu sei como distinguir um site sério de um criado por um maluco, mas, para os estudantes jovens isto é perigoso".

d) Na escolha de sites é preciso ser levado em conta o contexto sócio-econômico e cultural dos alunos e, obviamente, sua faixa etária. Os sites da *Renault, Citroën e Peugeot*, por exemplo, foram os mais procurados pelos alunos na lista que indiquei acima.

e) Ainda sobre os endereços indicados aos alunos, é preciso sempre contar com as mudanças ou desaparecimentos deles. Nem sempre será possível localizá-lo.

f) Também é preciso diversificar os interesses na escolha de sites, assim como, às vezes, os próprios alunos indicam alguns que já conhecem e gostam.

g) Não é possível fazer este projeto de "*Tour Internet et Correspondances*" com debutantes, seria desmotivá-los para este trabalho, assim como é preciso que o aluno domine a ferramenta do computador. Muitos alunos com dificuldades em informática detestam as atividades de Francês.

h) O professor deve motivar os alunos para o trabalho na Informática, prepará-los em sala de aula, por isso a parte escrita e de leitura na sala de aula. Ele pode contar um pouco do que já foi feito antes, contar sobre os sites que os alunos irão visitar

i) O professor deve colocar aos poucos as atividades que os alunos devem fazer, pois o aluno adolescente tem muita pressa em finalizar tarefas, não aproveitando o tempo de aula convenientemente.

j) É preciso apresentar a "nova língua" da Internet para os alunos antes do início das atividades, levando-os a ter contato com o vocabulário específico, os signos da comunicação telemática, sobretudo com o que há de diferente do Francês estudado em sala de aula. Há uma publicação oficial francesa sobre neologismos ligados à informática, trata-se do "Vocabulaire de l'informatique et de l'Internet"no Journal Officiel du 16 mars 1999, que podemos encontrar no site http://www.culture.fr/culture/dglf/cogeter/16-03-99-internet.html

k) Os alunos também devem conhecer a ética relacionada ao trabalho no computador. Regras básicas estão no título "Netiquette" do site de Brenda Jackson e Jean-Marcel Ducciaume http://members.home.com/jacksonb

Outras possibilidades de utilização da Informática em sala de aula são:

a) De forma apropriada, ou seja, de acordo com os objetivos estabelecidos pelo professor, o site de Brenda Jackson e de Jean-Marcel Duciaume, onde há possibilidades de se consultar sites da Web, como o da *Radio-Canada*, um site de *"Sciences Humaines"*, vários sites de pesquisa, atividades preparadas a partir da Web, projetos de escrita, consultar páginas literárias, dicionários, ensina como construir páginas na Web, etc. O endereço é http://members.home.com/jacksonb/

b) Há também o site do *Français dans le Monde*, da Hachette,onde encontramos experiências pedagógicas, fichas pedagógicas, links de outros sites ligados à aprendizagem do Francês Língua Estrangeira, enfim, recursos variados para professores de FLE. O endereço é http://www.fdm.hachette-livre.fr/FDM7.1/ress_doc.html

c) E o site do Francofil, *"La francophonie académique, culturelle et scientifique"*, com indicações de sites pedagógicos e de pesquisa para professores de FLE. Há exercícios interativos, ditados, atividades com TV5, provas, textos literários, etc. O endereço é http://www.francofil.net/fr/fle_fr.html

---

Profª Ms. Maria Cristina de Lima Carvalho Sica

Maria Cristina de Lima Carvalho Sica é mestre em Língua e Literatura Francesa – Didática de FLE para adolescentes (FFLCH/USP). Trabalhou com adultos universitários (FATEC/ PUC-COGEAE/ USP) e jovens universitários (FATEC/ PUC-COGEAE/ USP). Atua com adolescentes no Colégio Santa Cruz no âmbito do Francês como língua estrangeira. Publicou o artigo *"Ler na tela: algumas reflexões sobre a leitura e a informática"* nos Cadernos do Centro de Línguas no. 3 – 2000 (FFLCH/USP) e *"O processo de ensino-aprendizagem de Francês Língua Estrangeira de adolescentes: uma construção ativa do caminho didático"* na Revista Rencontres 9, PUC-SP, dezembro 2004.

As Novas Tecnologias no Processo Ensino - Aprendizagem de Francês/Língua Estrangeira de Adolescentes -
PRÁTICAS EM SALA DE AULA

BIBLIOGRAFIA

- ANDERSON, Jonathan, 1987, "Les apprentissages de langues et l'ordinateur", in *"Perspectives".*, vol. XVII, nº 3.

- BAKTINE, Mikhaïl, 1978, "Esthétique et Théorie du Roman", Paris, Gallimard.

- BRONCKARD, J. P., 1987, "Interactions, Discours, Significations" in "La Typologie du discours" *Langue Française* nº74, Paris, Larousse.

- CALLIGARIS, Contardo, 1998, "Deseducação Virtual" in *Folha de S. Paulo*, Domingo, 25 de outubro, caderno Mais! p. 11.

- CHARDENET, Patrick, 1996 "Flux cognitifs et Discursifs dans l'Économie du Savoir" in *Rencontres*, nº especial, PUC-SP.

- CHARTIER, Roger, 1995, "Révolutions et Modèles de lecture" in *Le Français Aujourd'hui*, nº 112.

- ECO, Umberto, 2000, "A Internet é a revolução do século", tradução do jornal francês Libération, in *"Folha de S. Paulo"*, p. 8, caderno Mundo de 10/01.

- GAONAC'H, Daniel, 1991, *"Théories d'apprentissage et acquisition d'une langue étrangère"*, Paris, Didier.

- HEWER, Sue, 1988, "Communiquer par l'ordinateur" in *Le Français dans le Monde*, nº especial, agosto/setembro.

- LEFRERE, Paul, 1995, "Logical-pages: revolutionising the use of print for teaching?" in *British Journal of Education Technology*, vol. 36, nº 3 pp.166-178.

- LEVY, Pierre, 1995, "Ouvertures sur les Hyper-textes. Aventures de la lecture" in *Le Français Aujourd'hui*, nº 112.

- MCLOUGHLIN, Catherine & OLIVER, Ron, 1998, "Maximing the language and learning link in the computer learning environnemnts" in *British Journal of Education Technology*, vol. 29, nº 2, pp. 125-136

- NEGROPONTE, Nicholas, 1997, *"A vida digital"* São Paulo, Companhia das Letras.

- PESSOA DE BARROS, D. e FIORIN, J. L., 1994, "Dialogismo, Polifonia, Intertextualidade: em torno de Mikhaïl Baktin, São Paulo, EDUSP.

- POST-LAJUS, Serge e RICHË-MAGNIER, Marielle, 1998, *"L'école à l'heure d'Internet"*, Paris, Nathan.

- SCOTT, C.R. & ROCKWELL, S. C., 1995, "The effect of communication, writing and technology apprehension on likelihood to use new communication technologies" in *Communication Education*, nº 46, pp. 44-62.

Francês
Língua Estrangeira
Novas demandas, novas respostas

- SEWELL, Dave F. e ROTHERAY, David R., 1987, "Les applications de l'ordinateur dans l'enseignement" in *Perspectives*, vol. XVII, n.º 3.

- TAYLOR, R.P., 1980, "The computer in the school: Tutor, tool, tutee" in *Teachers College Press*, New York.

- VERSIANI CUNHA, M. A., 1978, "*Didática Fundamentada na teoria de Piaget*", Rio de janeiro, ed. Forense - Universitária.

- VIGOTSKY,L.S., 1987, "*Pensamento e Linguagem*" São Paulo, Martins Fontes.

- WEISSBERG,J.L., 1983, "La maladie infantile de l'informatique" in *Education Permanente* n.º especial 70/71, pp.17-26.

FRANCÊS
LÍNGUA ESTRANGEIRA
Novas demandas, novas respostas

O Papel da Televisão no Ensino/Aprendizagem do FLE

Vera Lúcia Marinelli
vemari@pucsp.br
Pontifícia Universidade Católica de São Paulo
Universidade de São Paulo

presentaremos neste artigo os resultados de uma pesquisa bibliográfica realizada com o intuito de verificar de que forma a TV vem sendo incorporada ao ensino/aprendizagem do Francês como Língua Estrangeira (FLE).

Convém destacar que a pesquisa limitou-se a trabalhos referentes à utilização de programas veiculados por emissoras de tv em língua francesa e que se caracterizam como gêneros discursivos televisuais não produzidos com finalidades pedagógicas. Tais programas enquadram-se no que a didática do FLE convencionou chamar de "documentos autênticos".

O Papel da Televisão no Ensino/Aprendizagem do FLE

Antes de iniciarmos a revisão bibliográfica, faremos uma breve explanação sobre os aspectos tecnológicos e pedagógicos que favoreceram a introdução do documento televisual autêntico na sala de aula.

Em meados da década de 70, fatores tecnológicos e metodológicos vão possibilitar a introdução da TV no ensino/aprendizagem do FLE.

Do ponto de vista tecnológico, temos o aparecimento dos primeiros videocassetes, com sistemas de leitura e formatos de fitas adaptados ao uso domiciliar. De fácil utilização, tais equipamentos começam a freqüentar a sala de aula.

No que se refere à metodologia do ensino/aprendizagem do FLE, temos o advento da abordagem comunicativa (1975), com pressupostos teóricos provenientes de uma multiplicidade de disciplinas de referência, tais como a sociologia, a pragmática, a análise do discurso, a semântica.

Tal interdisciplinaridade dará origem ao conceito de "competência de comunicação", que envolve várias competências : a lingüística, a sociolingüística e a discursiva. Além disso, como aponta Bérard (1991), a abordagem comunicativa preocupa-se com o ensino funcional da língua. Nesse novo contexto, o documento especialmente produzido para a sala de aula cede lugar aos documentos autênticos, ou seja, discursos não produzidos com finalidades pedagógicas, extraídos de contextos reais de comunicação.

Por essa razão, Bérard (1991: 52 a 55) apresenta três boas razões para o uso dos documentos autênticos:

1. O fato de um aluno principiante poder compreender, desde o início da aprendizagem da língua estrangeira, um documento autêntico contribui para a sua motivação. Esses argumentos são retomados por pesquisadores como Canale & Swain e Coste (apud Bérard: 199: 51):

   "(...) *devemos tirar o melhor partido possível de seu valor de motivação. Ele é, com efeito, para o aluno, recompensa e conforto*".

2. O documento autêntico favorece a autonomia de aprendizagem do aluno. As estratégias usadas em sala de aula para a compreensão de determinado documento poderão ser reutilizadas em outras situações, fora do contexto escolar. Dessa forma, além dos conteúdos dos documentos, essa atividade favorece o desenvolvimento de um outro objetivo que é "ensinar a aprender".

FRANCÊS
LÍNGUA ESTRANGEIRA
Novas demandas, novas respostas

3. O terceiro argumento refere-se ao registro língüístico ensinado. O documento autêntico expõe o aluno a certos aspectos da linguagem cotidiana que não são objeto de estudo das ciências da linguagem, mas que merecem ser conhecidos. Os documentos tornam-se, assim, objetos de estudo não apenas do conteúdo lingüístico que veiculam, mas também de sua dimensão pragmática e social, possibilitando a observação de regras de funcionamento da comunicação em língua estrangeira.

Assim sendo, os chamados "documentos autênticos" serão amplamente recomendados para o desenvolvimento das quatro competências (compreensão e expressão escritas e compreensão e expressão orais). No caso das habilidades escritas, aconselha-se o uso de jornais e, no caso das habilidades orais, o uso de documentos extraídos dos meios de comunicação social (rádio e TV). Mesmo se os parâmetros lingüísticos desses documentos produzidos para falantes nativos são mais complexos, atividades pedagógicas centradas nos componentes discursivos, socioculturais e referenciais facilitam a compreensão do conteúdo lingüístico. Podemos dizer que a complexidade lingüística é compensada pelos demais parâmetros estudados.

Por apresentar uma multiplicidade de gêneros discursivos destinados a falantes nativos, a TV passa a desempenhar um papel de destaque, sendo considerada o meio de comunicação que sintetiza os demais e, ao mesmo tempo, um "reservatório de linguagem" (De Margerie & Porcher : 1981).

Essa nova orientação metodológica, propiciada pela abordagem comunicativa e pela introdução da TV na sala de aula, via videocassete, vão dar origem a uma série de artigos sobre a utilização de documentos autênticos gravados em vídeo no ensino/aprendizagem do FLE, artigos esses publicados numa das mais importantes revistas sobre ensino/aprendizagem do FLE, a *Le Français dans le Monde* (*FDM*).

No número 158, de janeiro de 1981, Marchessou, retomando alguns pressupostos da 'abordagem comunicativa', levanta algumas questões referentes às limitações do livro didático baseado na metodologia audiovisual, amplamente utilizada nas décadas de 60 e 70, tais como a artificialidade das situações de comunicação e o fato de a compreensão ser vista como uma habilidade à parte, não integrada ao desenvolvimento das demais habilidades.

Para sanar esses problemas, o autor propõe o desenvolvimento de atividades comple-

— 115 —

O Papel da Televisão no Ensino/Aprendizagem do FLE

mentares em sala de aula, a partir de excertos de programas de tv gravados em vídeo e aponta algumas vantagens na utilização desses documentos autênticos :

- ◆ estudo da língua em situação, levando-se em conta o contexto sociocultural;

- ◆ possibilidade de desenvolver uma reflexão com o intuito de estudar nuances lexicais e discursivas;

- ◆ possibilidade de desenvolver a aprendizagem com autonomia (por meio de bancos de dados disponibilizados em centros de recursos).

Nessa mesma perspectiva, o FDM 158 traz ainda o artigo "La télévision au service de la propédeutique", em que os autores destacam a importância de desenvolver a compreensão oral a partir de documentos autênticos, em virtude da grande diversidade de situações apresentadas. Isso torna o processo de compreensão oral mais dinâmico, uma vez que o aluno desenvolve atividades cognitivas que o conduzem a uma reflexão sobre a diversidade de temas e discursos, comparando-os e criticando-os.

Os autores relatam ainda o trabalho desenvolvido em Portugal, por professores do ensino secundário e universitário, referente à elaboração de fichas pedagógicas a serem utilizadas, não apenas na sala de aula, mas também em situações autônomas de aprendizagem (Centros de Recursos).

Em "La parole à l'image", publicado no número 180 do FDM, de outubro de 1983, Carmen Compte reflete sobre a aparente simplicidade do telejornal como documento midiático, condição esta que contribui para que esse tipo de programa transforme-se no documento autêntico mais utilizado, nesse período, nas aulas de FLE.

Segundo a pesquisadora, não se pode esquecer que o documento telejornalístico está inserido num contexto político e sociocultural, familiar aos telespectadores autóctones, mas não aos alunos/telespectadores num curso de FLE. Assim sendo, ao se analisar esse tipo de documento, deve-se levar em conta essa dimensão extralingüística, em vez de considerar a reportagem como um documento neutro e transparente.

Por outro lado, a pesquisadora reconhece que um estudo detalhado desse discurso televisual pode trazer benefícios para o ensino/aprendizagem do FLE. Por essa razão, propõe uma análise preliminar do telejornal que leve em conta os seguintes aspectos:

FRANCÊS
LÍNGUA ESTRANGEIRA
Novas demandas, novas respostas

- levantamento das características do emissor (produtor do telejornal) e do receptor (telespectador);

- observação das imagens: os planos escolhidos (americano, médio, close, etc) revelam escolhas intencionais dos produtores dos telejornais;

- estudo da edição como um todo e de cada uma das seqüências apresentadas.

A observação desses parâmetros fornecerá ao professor de FLE subsídios para a elaboração de atividades pedagógicas que vão favorecer uma melhor compreensão do telejornal por parte do aluno. Alguns exemplos : atividades a partir de seqüências que abordem o mesmo tema; observação dos primeiros 46 segundos do telejornal com o intuito de verificar quais as manchetes do dia.

A pesquisadora finaliza seu artigo dizendo que se, por um lado, o telejornal é um discurso bastante complexo, por outro, trata-se do discurso televisual de maior receptividade junto aos alunos de FLE, em virtude da variedade de temas apresentados e da própria montagem das seqüências, o que dá movimento e ritmo ao programa.

Compete ao professor tirar partido dessa diversidade e movimento, evitando o uso inadequado do documento, por exemplo, a abordagem de uma seqüência do telejornal de forma exaustiva.

Essa questão é aprofundada por Compte em seu artigo "Professeur cherche document authentique vidéo", publicado no número 58 da Revista *Études de Linguistique Appliqué (ELA)* e dedicado ao uso do vídeo como meio para a introdução da TV na sala de aula.

Nesse artigo, a autora propõe-se refletir sobre os critérios de seleção dos documentos autênticos em vídeo para o ensino/aprendizagem do FLE.

Alguns exemplos de critérios funcionais a serem adotados:

1. verificar se os elementos não textuais são abundantes e bem construídos;

2. levar em conta que o meio TV pode ajudar o aprendiz a transformar seu campo de percepção e identificar quais os pontos que podem trazer dificuldades;

3. escolher documentos audiovisuais autênticos capazes de facilitar o processo de aquisição da língua estrangeira.

O Papel da Televisão no Ensino/Aprendizagem do FLE

Em decorrência desses fatores, Compte sugere que, ao se escolher os documentos, sejam observados parâmetros tais como a relação estabelecida entre o discurso visual e o verbal, com o intuito de verificar se há redundância, complementaridade, oposição ou contraste entre os dois discursos. Muitos desses aspectos serão retomados pela autora posteriormente no livro *La vidéo en classe de FLE* (cf. bibliografia).

Ainda no mesmo número da ELA, temos o artigo de Doumazene, "Télévision scolaire et télévision scolarisée: un renouvellement des perspectives". Segundo o autor, se, de um lado, assiste-se a um declínio da televisão escolar, de outro tem-se a crescente escolarização da televisão, ou seja, a utilização da TV comercial, com finalidades escolares.

Contudo, ao se introduzir a tv na sala de aula, dois aspectos devem ser levados em conta: o conteúdo veiculado pelo programa e a relação que se estabelece entre a emissora de tv e o público. O autor destaca ainda que a introdução de documentos autênticos em sala de aula pode suscitar uma discussão sobre o caráter argumentativo e espetacular da TV, contribuindo assim para uma reflexão sobre o funcionamento do discurso televisual.

Na metade da década de 80, mais uma vez, a evolução tecnológica vai aproximar ainda mais a TV da sala de aula. Em 1984, é criada na Europa a TV5, emissora de língua francesa, transmitida via satélite para vários países da Europa.

Essa nova possibilidade de acesso a documentos televisuais desencadeia uma nova série de estudos e experiências sobre a utilização da TV na sala de aula. É o caso da proposta do projeto "Olympus", apresentado no número 235 da revista *Français dans le Monde*. Essa iniciativa, coordenada por Michèle Dickson, da Universidade de Strathclyde (Escócia) tem por objetivo organizar, a partir de temáticas tais como poluição e transportes, um banco de dados contendo excertos de telejornais veiculados pelas emissoras TF1 e Antene 2 (atual France 2).

O estudo considera fundamental a realização de atividades didáticas a partir de excertos dos telejornais selecionados com o intuito de discutir aspectos socioculturais, o que é exemplificado no artigo pela apresentação do tema "O Calendário dos Franceses", que reúne 19 seqüências extraídas dos telejornais, com o objetivo de ilustrar o impacto de datas comemorativas na sociedade francesa.

A autora enfatiza também a importância de propor aos alunos, num primeiro momento, atividades pontuais visando à compreensão oral e tendo como base as imagens. A pesquisadora justifica sua escolha argumentando que as imagens da TV propiciam a ela-

> ##### FRANCÊS
> ##### LÍNGUA ESTRANGEIRA
> *Novas demandas, novas respostas*

*Não se deve esquecer também que a introdução
da TV na sala de aula requer uma nova postura
do professor, que passa a ser um mediador no processo
de ensino/aprendizagem, além de responsável pela
definição dos objetivos comunicativos e pela utilização
de uma metodologia adequada, que respeite
as particularidades do documento televisual.*

boração de atividades voltadas para alunos com conhecimentos básicos ou avançados em FLE.

Num segundo momento, são sugeridas atividades referentes a aspectos socioculturais presentes nos documentos, bem como exercícios com o objetivo de ampliar o léxico dos estudantes. Por último, a autora aponta algumas sugestões de uso de excertos dos telejornais visando ao desenvolvimento da expressão oral, por exemplo, simulações das cenas vistas nas reportagens.

Em artigo posterior, publicado no número 267 do FDM, de agosto/setembro de 1994, Michèle Dickson retoma a discussão sobre a importância da TV no processo de ensino/aprendizagem do FLE. Nesse caso, a autora destaca a questão da autonomia do aluno ao fazer uso da tv em centros de recursos para a aprendizagem de línguas estrangeiras, ou até mesmo em sua casa, via tv a cabo.

A autora justifica o fato de privilegiar a introdução da televisão ao longo da aquisição da língua, pois considera que, após o término do período formal de aprendizagem (aulas regulares), a TV torna-se, muitas vezes, a única forma de contato com o idioma.

O Papel da Televisão no Ensino/Aprendizagem do FLE

A pesquisadora discute ainda a noção de autonomia, retomando a definição de Holec. Para o pesquisador, a autonomia dá-se num processo que envolve um momento de conscientização, de descoberta e de utilização do vídeo por parte do aprendiz. Isso significa que não basta colocar o aluno diante da tv para que ele aprenda a língua estrangeira. Na fase de conscientização, deve-se indicar ao aluno que a tv vai além de mero veículo de lazer. Para tanto, o centro de recursos deve oferecer seqüências temáticas que retomem assuntos estudados em sala de aula. Nessa fase, são propostos exercícios formais de compreensão oral. Na segunda fase, as atividades têm por objetivo sensibilizar o aluno quanto à metodologia de trabalho utilizada para a compreensão do documento e quanto aos processos cognitivos envolvidos nesse momento. Por ocasião de uma avaliação, os alunos são convidados a explicitar as dificuldades encontradas na utilização dessa metodologia, quando da utilização dos documentos. Na terceira e última fase, denomina-da "banalização do vídeo", os alunos vão desenvolver a compreensão oral a partir dos materiais disponíveis no centro de recursos; nesse caso, são convidados a se manifestar em relação aos materiais escolhidos. Alguns exemplos de atividades:

♦ seleção de materiais que tratem de uma mesma temática;

♦ identificação de excertos considerados relevantes para o aluno, num programa de longa duração.

Dickson conclui o artigo destacando a importância de conduzir o aprendiz a esse último estágio de utilização do documento televisual e, ao mesmo tempo, assinala que, se, por um lado, houve uma mudança do papel do professor na sala de aula (no qual deixa de ser detentor do saber), por outro, mais do nunca seu papel de orientador, de conselheiro, torna-se primordial no processo de ensino/aprendizagem do FLE.

Os aspectos socioculturais da TV - considerados por vários dos pesquisadores anteriormente citados como aspectos subjacentes à utilização pedagógica de documentos autênticos - adquirem uma nova dimensão no artigo de Boyer, "Petit écran et représentations collectives", publicado no *Français dans le Monde*, número 222, de janeiro de 1989. O autor retoma a definição de "competência de comunicação", para refletir sobre o que convenciona chamar de "competência complexa de comunicação". Segundo o pesquisador, além da competência lingüística e da competência referencial, a "competência complexa de comunicação" implica três outros tipos de saberes: a competência discursiva

— 120 —

FRANCÊS
LÍNGUA ESTRANGEIRA
Novas demandas, novas respostas

(ligada às condições de produção do discurso), a competência sociopragmática (dimensão interativa e social da linguagem) e a competência etnosociocultural (atitudes e representações coletivas em relação com as diversas identidades – sociais, étnicas e ideológicas – que se defrontam no mercado cultural francês).

Segundo o autor, esta última competência pode ser desenvolvida, no ensino/aprendizagem do FLE, com dois tipos de discursos televisuais: o telejornal e a publicidade.

O telejornal é considerado como o documento audiovisual que melhor permite "conhecer o imaginário e as práticas de uma sociedade, realizar uma 'radiografia', uma análise psicológica de uma determinada época". O artigo cita, a título ilustrativo, um estudo realizado com base em um excerto de 10 minutos de um telejornal da emissora Antenne 2 (hoje France 2), abordando a visão do partido francês de extrema-direita, "Front National", em relação ao emprego na França.

Quanto à publicidade, o artigo traz vários exemplos de atividades em FLE, a serem desenvolvidas com filmes publicitários, tais como verificar o papel da mulher na sociedade francesa, estudar os diferentes sotaques ou dialetos.

Podemos dizer que esse artigo responde algumas questões levantadas por Compte (FDM 180) referentes às dificuldades de compreensão dos documentos televisuais, dificuldades essas provenientes da presença de aspectos etnosocioculturais no discurso midiático.

Em julho de 1994, é publicado um número especial do *Français dans le monde*, intitulado "Médias: Faits et Effets" e coordenado por Thierry Lancien. Desse número, inteiramente dedicado à mídia impressa e falada, destacamos dois artigos que apresentam sugestões referentes à utilização da TV na sala de aula.

O artigo "L'irruption des médias dans la classe", Malandin propõe uma série de atividades a serem realizadas a partir de imagens veiculadas por excertos de programa de TV. A apresentação de um programa sem o som pode originar um debate na sala de aula, no qual os alunos fazem suas hipóteses sobre as falas dos personagens que aparecem na tela.

O autor propõe também o procedimento contrário, ou seja, a partir do discurso sonoro, veiculado pelo programa, os estudantes são convidados a imaginar as cenas apresentadas pela TV.

Malandin sugere ainda atividades mais elaboradas, tais como verificar o número de imagens utilizadas em seqüências cronológicas de um mesmo programa.

O Papel da Televisão no Ensino/Aprendizagem do FLE

O autor finaliza o seu artigo destacando que as atividades anteriormente apresentadas podem dar origem à produção de vídeos por parte dos alunos.

Em "Satellite en Direct: TV5 europe sur Campus 2000", Platel apresenta o projeto "Campus 2.000", desenvolvido na Inglaterra. Tal projeto associa a recepção da TV5 e o uso da rede telemática das escolas públicas inglesas.

A partir de Magellan, programa suíço sobre informática e tecnologia, são elaboradas questões referentes ao tema do programa. Essas questões são enviadas às escolas no momento em que o programa vai ao ar, via TV5. Posteriormente, as respostas são enviadas, via rede, à equipe responsável pelo projeto.

Dois fatores contribuem para o êxito do projeto: o fato da TSR, emissora suíça responsável pelo programa, enviar, à equipe de professores, os scripts com antecedência e o trabalho desenvolvido pela equipe pedagógica da universidade de Sheffield, responsável pela elaboração das atividades.

A título de conclusão, o pesquisador destaca a interação estabelecida entre os alunos e os professores, o que ocorre por intermédio da combinatória rede telemática-tv via satélite, propiciando assim a recepção das atividades em tempo real.

Nessa revisão bibliográfica, não poderíamos deixar de comentar os estudos de Lancien sobre a utilização de telejornais e outros tipos de documentos televisuais no ensino/aprendizagem do FLE. Em seu livro *Le document vidéo* (cf. bibliografia), o pesquisador apresenta algumas diretrizes para análise e utilização do vídeo na sala de aula.

Para a análise dos documentos, além do estudo da relação entre o discurso visual e o verbal, o autor sugere que se verifique o papel do contexto e se estudem alguns códigos cinematográficos, tais como o enquadramento, a escala de planos utilizada (plano médio, close, etc), os movimentos da câmera e o tipo de montagem efetuada (que pode ter como objetivo descrever ou narrar).

Para a utilização do vídeo são sugeridas atividades que têm por objetivo melhorar a atenção visual e auditiva do aluno, bem como desenvolver a capacidade de compreensão e expressão oral e escrita em FLE. Tais atividades são desenvolvidas a partir de publicidades, entrevistas, telejornais e excertos de filmes.

Em *Le journal télévisé – Construction de l'information et compétence de communication*, o autor enfatiza que a introdução da informação televisual na sala de aula deve possibilitar o desenvolvimento das seguintes competências:

FRANCÊS
Língua Estrangeira
Novas demandas, novas respostas

+ **informativa**: que permitirá ao aluno compreender cada vez melhor como se constrói a informação televisual, quais são suas fontes, suas escolhas e categorizações;

+ **discursiva**: em que são abordadas as diferentes formas de elaboração do discurso, tanto visuais quanto lingüísticas, com as quais o telespectador deve se familiarizar para apreender o discurso televisual."

Para que essas competências sejam desenvolvidas, o autor sugere uma análise preliminar dos telejornais, em que são considerados os seguintes aspectos :

+ as fontes de informação (agências de notícias e jornalistas das emissoras);

+ os critérios de escolha das informações;

+ o público alvo;

+ a hierarquização das informações;

+ o papel do apresentador;

+ o discurso do apresentador;

+ as manchetes;

+ os textos de abertura e encerramento das reportagens e

+ as reportagens.

Após essa análise, o pesquisador sugere que sejam desenvolvidas, em sala de aula, atividades que levem em conta os aspectos anteriormente mencionados. Alguns exemplos :

a) comparar, durante um período significativo, os títulos de dois telejornais com o intuito de verificar se as escolhas são representativas da linha editorial das emissoras;

b) verificar o tempo de intervenção do apresentador, a relação que o mesmo estabelece com a informação (neutralidade, presença marcante da primeira pessoa em seu discurso, comentários e apreciações);

c) comparar o texto de abertura de determinada informação versando sobre o mesmo tema, mas veiculada por telejornais de emissoras diferentes.

O Papel da Televisão no Ensino/Aprendizagem do FLE

As abordagens propostas por Lancien denotam sua preocupação em trabalhar com o documento midiático enquanto documento midiático, ou seja, levando em conta suas condições de produção, o público alvo dos telejornais e o meio de comunicação para o qual a informação foi produzida, no caso, a TV.

O estudo desenvolvido por Lancien vai ao encontro das constatações de Jacquinot (1996:14), no que se refere à pesquisa sobre a TV:

"As práticas audiovisuais estão deixando um procedimento de utilização pedagógica, no caso da TV em particular, para um procedimento de uso centrado na análise do discurso da mídia e seus dispositivos de comunicação. Os meios de comunicação devem ser um objeto de estudo e não apenas utilizados para aprender".

Tal abordagem merece destaque nos dias atuais, uma vez que os públicos escolares mantêm uma relação muito estreita com a TV em língua materna. Contudo, muitas vezes, falta uma reflexão mais aprofundada sobre o que se vê na TV. Nesse contexto, a introdução de documentos televisuais no ensino do FLE poderá contribuir para uma reflexão mais ampla sobre o papel da TV no cotidiano dos aprendizes.

Essa contribuição é destacada também pelos pesquisadores Philippe e Virginie Viallon, da Universidade de Lyon 2 no artigo "Télévision et Enseignement: deux structures communicatives", publicado no número 290, de julho de 97, do FDM. Para os autores, a experiência vivida pelos aprendizes em língua estrangeira é rapidamente transferida para a sua cultura de origem.

A introdução de documentos televisuais autênticos em FLE é valorizada também pelo fato de levar à sala de aula documentos de boa qualidade técnica, o que nem sempre ocorre com os documentos televisuais produzidos com finalidades pedagógicas.

Por outro lado, o uso de documentos autênticos gravados em vídeo dá margem a atividades pedagógicas, baseadas no congelamento da imagem, na compreensão global do documento.

Não se deve esquecer também que a introdução da TV na sala de aula requer uma nova postura do professor, que passa a ser um mediador no processo de ensino/aprendizagem, além de responsável pela definição dos objetivos comunicativos e pela utilização de uma metodologia adequada, que respeite as particularidades do documento televisual.

Esse mesmo número do FDM traz ainda um artigo de Michel Boiron, do Cavilam de Vichy, no qual são feitas algumas reflexões sobre a utilização da programação da TV5 no

FRANCÊS
Língua Estrangeira
Novas demandas, novas respostas

ensino/aprendizagem de FLE. O pesquisador enfatiza, a exemplo de outros pesquisadores citados neste artigo, a importância de centrar-se o processo de aprendizagem no aluno, a efemeridade dos documentos autênticos e, conseqüentente, a necessidade de renovação constante e a riqueza temática desse tipo de discurso.

A seguir, Boiron cita alguns exemplos de atividades pedagógicas realizadas a partir de três programas que, nessa época, estavam no ar, a saber, um boletim de meteorologia, um telejornal produzido pela TV5 e um programa musical (Fa si chanter).

Gostaríamos de lembrar que essas atividades pedagógicas, desenvolvidas pela equipe pedagógica do Cavilam para a TV5, encontram-se disponibilizadas na internet, no site www.tv5.org.

O pesquisador finaliza seu artigo ressaltando que a nova relação professor/aluno constrói-se a partir da aquisição de técnicas de trabalho em que ambos participam do processo de aprendizagem. A utilização de documentos televisuais recentes traz um um novo desafio para o professor: conhecer o conteúdo de um programa quase no momento em que este será apresentado aos alunos. Assim sendo, cabe ao professor saber gerenciar essa nova realidade.

A título de conclusão, faremos algumas considerações sobre o que pudemos depreender, da leitura dos estudos anteriormente citados, sobre o papel da TV no ensino/aprendizagem do FLE.

Refletindo sobre o uso de tecnologias no contexto pedagógico, Puren (1994) indica que a tecnologia pode ser um elemento integrante ou complementar da metodologia a ser utilizada no ensino/aprendizagem do FLE. Quando o fonógrafo é introduzido na sala de aula, no início do século, assiste-se a um processo de incorporação da tecnologia a uma metodologia já existente. Temos então um modelo de "complementaridade" que dominaria a didática de línguas estrangeiras até o início da década de 60. Em tal contexto, a inovação técnica é definida nos textos oficiais como "meio" e "auxiliar", sem modificar os princípios e a prática pedagógica da época. No entanto, com o advento dos meios audiovisuais temos uma nova postura metodológica, na qual o conceito-chave passa a ser "metodologia integrada".

Atualmente, em virtude do ecletismo metodológico presente no ensino/aprendizagem do FLE, ecletismo esse reconhecido por Puren, podemos dizer que as tecnologias vêm sendo utilizadas numa relação de complementaridade interna e externa à sala de aula. Isso ocorre porque a maioria das propostas aqui apresentadas considera os docu-

O Papel da Televisão no Ensino/Aprendizagem do FLE

mentos televisuais como complementos para outras atividades desenvolvidas em sala de aula, sendo que, muitas delas, pressupõem o apoio do livro didático.

Um dos pontos mais enfatizados pelos pesquisadores foram as novas possibilidades pedagógicas oferecidas pelo advento do videocassete e da TV via satélite na sala de aula: criação de bancos de documentos televisuais, a serem disponibilizados em centros de recursos para estudos individuais dos alunos, renovação constante dos materiais pedagógicos e uso da TV na sala de aula em "tempo real", ou seja, possibilidade de trabalhar com um programa no momento em que o mesmo é transmitido pela TV.

Essa nova possibilidade convida pesquisadores e professores a refletir sobre o funcionamento dos discursos televisuais, bem como sobre o funcionamento dos próprios meios de comunicação social, despertando no aluno um "olhar crítico" em relação à TV.

Por último, destacamos o novo papel do professor, reiterado em vários artigos: o professor deixa de ser o "detentor do conhecimento" para se tornar um "conselheiro", um "orientador" de seus alunos, no processo de ensino/aprendizagem.

Ademais, o professor torna-se responsável pela definição de objetivos e conteúdos a serem trabalhados na sala de aula, o que exige análise e reflexão quanto ao funcionamento dos discursos televisuais e, ao mesmo tempo, sobre a metodologia a ser empregada na sua utilização.

A introdução de novas tecnologias no ensino/aprendizagem do FLE só terá êxito se o professor for capacitado para desempenhar novos papéis em sala de aula e para o uso dessas tecnologias. Por essa razão, os programas de formação de professores não podem ignorar essa nova realidade educacional.

Profª Drª Vera Lúcia Marinelli

Professora Titular do Departamento de Francês da Pontifícia Universidade Católica de São Paulo desde 1986. Nesta instituição, foi coordenadora do curso Letras: Francês por seis anos. Coordenou também os trabalhos em francês no Centro de Estudos para Aprendizagem de Línguas (CEAL). Atualmente, é chefe do Departamento de Francês e Coordenadora dos cursos de extensão *Fale Francês*. Professora Doutora do Departamento de Metodologia do Ensino e Educação Comparada da Faculdade de Educação da Universidade de São Paulo desde 2002, atua na graduação e na pós-graduação – linha de pesquisa Linguagem e Educação. Coordenadora do Projeto Br@nché em São Paulo, desenvolvido em parceria com o Consulado Geral da França em São Paulo desde 2004.

FRANCÊS
LÍNGUA ESTRANGEIRA
Novas demandas, novas respostas

BIBLIOGRAFIA

- BÉRARD, E. - L'approche communicative, Paris, Clé International, 1991.

- BOIRON, M. – "Apprendre et enseigner avec TV5" in *Le Français dans le monde*, nº 290, Paris, Hachette, 1997, pp. 65-68.

- BOYER, H. - "Petit écran et représentations collectives" in *Le Français dans le monde*, nº 222, Paris, Hachette, 1989, pp. 63-67.

- COMPTE, C. – "La parole à l'image" in *Le Français dans le monde*, nº 180, Paris, Hachette, 1983, pp. 28-38.

—— COMPTE, C. - La Vidéo en Classe de Langue, Paris, Hachette, 1993.

—— COMPTE, C. – "Professeur cherche document authentique vidéo" in *Études de Linguistique Appliquée*, nº 58. Paris, Didier Erudition, 1985, pp. 43-53.

- DE MARGERIE, C. & PORCHER, L - Des média dans les cours de langues, Paris, Clé International, 1981.

—— DICKSON, M. – "Olympus: mieux se servir de la télévision dans la classe", in *Le Français dans le monde*, nº 235, Paris, Hachette, 1990, pp. 64-68.

—— DICKSON, M. – "Télévision et Autonomie" in Le Français dans le monde, nº 267, Paris, Hachette, 1994, pp. 48-51.

- DOUMAZENE, F. – "Télévision scolaire et télévision scolarisée: un renouvellement des perspectives" in *Études de Linguistique Appliquée*, nº 58. Paris, Didier Erudition, 1985, pp. 27-34.

- JACQUINOT, G. - "Audiovisuel et pédagogie: des pratiques en question" in Les Genres télévisuels dans l'enseignement, Paris, CNDP, 1996, pp. 11-34.

- LANCIEN, T. – La vidéo en classe de FLE, Paris, Clé International, 1986.

—— LANCIEN, T. - Le journal télévisé - Construction de l'information et compétence de communication, Paris, Didier, 1995.

- MALANDAIN, J. L. - L'irruption des médias dans la classe" in *Le Français dans le monde* - Recherches et Applications, nº spécial, Paris, Hachette, juillet 1994.

- MARCHESSOU, F. – "Vidéo et enseignement du français à l'université" in *Le Français dans le monde*, nº 158, Paris, Hachette, 1981, pp. 72-74.

- MARQUES, M. E. & R. – "La télévision au service de la propédeutique" in *Le Français dans le monde*, nº 158, Paris, Hachette, 1981, pp. 80-83.

O Papel da Televisão no Ensino/Aprendizagem do FLE

- PLATEL, B. - "Satellite en Direct: TV5 Europe sur Campus 2000" in *Le Français dans le monde* - Recherches et Applications, n° spécial, Paris, Hachette, juillet 1994.

- PUREN, C. – Histoire des méthodologies de l'enseignement des langues, Paris, Clé International, 1988.

- VIALLON, P. & V. - "Télévision et Enseignement: deux structures communicatives" in *Le Français dans le monde*, n° 290, Paris, Hachette, 1997, pp. 65-68.